陰の系譜

くにふちのそんざい

小嶋 勇四郎
Ojima Yushiro

風詠社

まえがき

「百年以後の知音を俟つべし」。これは曲亭馬琴翁がその代表作『南総里見八犬伝』刊行に当たり、文化十一年（既に二百年を過ぎている）、**後世に送ったシグナル、メッセージであり、未解決の謎とされて来たものである。**これに付加されるのが、天保十二年の「吾を知るものはただ八犬伝か」というものである。翁は三名の友人を自分の理解者として選んでいるが、『八犬伝』執筆の意図はその三人の友たちでさえ分からないとしている。

さて、翁がその健在中に認めた三人の友人もが分からないというその意図を知るべき者を、その百年以後に求めるというのが、全くの不可解分として、今日に至るまでそのままにあるのであるが、これを解くに、「『八犬伝』を百回読むべし」とする研究者も居られるほどである。それを聞いて、小生は、これは、果たして読むこと、すなわち文学によってのみなされるべきか、と疑った。

先ずもって申し上げたい。それは否である。それを文学によってのみ解釈せんとするのは明らかに間違いである。あからさまに友たちの事を記しながらも、その彼らでなしに『百年以後の人」に託す、という言質であり、それが該博と言われた歴史的大作家の真の遺言なのだ。

それを何で文学者的感知のみで解読出来ようか。出来ないから今日に至ったのであるとすべきであろう。それが大学的教育研究上の「学的直観」であるべきだ。それに届かずか。

その性格から、恐らくは親しくすべき人の数は少なかったであろうに、その中でも翁は特に文通した三人の友人に、万が一に際して、累が及ばぬようにとの細心の注意を払うべきところの、「その当時の状況」が厳然としてあった、という事を我々は思い起こさなければならない。翁がそうした言葉を放った瞬時に、或いはその当局は彼の意図を察知すべきであったか知れない。

「老中水野忠邦による天保改革」のその折には、「苛察」と忌み嫌われた甲斐守鳥居忠耀（通称の耀蔵と官名の甲斐守とを捩って、ようかい・妖怪と言われた）の暗黒的の捜索が行われた。それで、馬琴翁は恐れるべく有り得る予後の為に、「彼ら三人の友でさへ自分の意図を知らない」としたに違いあるまい。関わるべからずは「獄門打ち首」を免れぬほどの大罪であった。

尤も鳥居耀蔵という人はその出自が儒学者の家系であったから、『八犬伝』に籠められる「勧善懲悪」という儒学的思潮を摘発するなどというのは当たらない事から、その点は大丈夫に違いなかったであろうが、鳥居の性格では万が一というよりは、二つに一つというぐらいの確率で危ういものであったか知れないのであった。

馬琴翁の基本的の人となりは封建的思潮に則ったものであり、幕府の取締りに引っかかる類のものではなかったが、思潮の本質はそれであっても、別目的のものも含むとなれば、不測の事態に備えねばならなかったのである。

この場合、本文に書き上げる様に、その目的こそ、幕府本体が最も秘匿した事柄を明かすことにあったのであるから、巻頭の「メッセージ」が如何に重大な意味を持っていたかを知るべく、文学者、歴史学者、政治学者、社会学者等が挙って取り組むべきであったと言える。それが、これらに最も縁の無い者がこうして取り上げる事になったのは、皮肉以外の何ものでもない。依って論旨の矛盾を至る所で指摘されようとも、聊かの痛痒も感じないであろう。

「『滝沢馬琴は単なる作家ではない』という様なことを、あるテレビ番組で講師の方が言っておられた」と、往年の親類筋の当主から聞いた時、はっとなり、合点した次第である。その親類というのは小生の家の三代前の当主の理不尽によって、嘗て地方史を賑わせたその歴史的姻戚関係が破綻して以来、交流が百二十年近くも断絶していたものである。

馬琴翁は武家の出であり、それを生涯自覚していた。そして小説活動をなしたにしても、斯く意図深い『南総里見八犬伝』の執筆はやはりその最後を以ってしたのである。翁のその意図的の言及、すなわち「年月条件の提示」から、翁の時代から遠くではない、「最高権力者層に関するもの」であった事に留意して探索すべきであった。すなわち歴史事実に就いてのものとしなければならなかったのだ。今の作家たちは探さず、単に作るのみか。

この本の時的位置付け、文学形式・文章構成的の特別要素からしてもそうであろう。

「滝沢馬琴は単なる作者ではなかった」のである。翁は、一代の大目的の為、その文学手法に借用を以ってしたと言えよう。それは中国で流行したもので、『水滸伝』、『三国志演義』、

『西遊記』、などがそれであろう。

但し、そうした中にあっても、翁の偉大なところは、徒真似るという事ではなしに、それらを凌駕しようとした事であろう。又それによってしか彼の真の目的、史実の告知をなし得なかった筈である。命がけの巧みさがそこにあったとしなければなるまい。

謂わば、翁の真骨頂が装いながらも最も発揮されている歴史的大作、それが、価値論を決定的に施さるべき当にその部分で不明とされて来た。翁が大胆且つ細心に現出していたに拘らずにだ。翁が単なる小説家でなしに、後世一任の格別メッセージを残した意図、これを重々想起する。気付かざるかや。さてもその後、時のむなしさは数うべからず。

これには文学者ばかりでなく、関係地の郷土史家や歴史学者も、その同分の責任者として探求の義務があったと言えよう。これに就き小生は述べた様に、幸か不幸か日本文学に就いてはほとんど門外漢であった。ましてや超長編性を以って『南総里見八犬伝』なるものを「日本史上第一の小説」と位置付けるのであれば、これはそのまま小生にとって読む縁の無い代表の様な物であった。

だが、「南総」という地域の歴史、民俗性に就いては、或いは人の倍ほどに通じているという自負があった。南総の歴史を全面的に書き換えるべき、という気持ちさえ育てつつあったのだ。それは、古の宮廷公家藤原一族の歴史に就いての、失われた分を回復しようという、特殊ではあるが、小生にとっての正当な志向に沿うものとして生じたものである。

公的、私的のものが綯い交ぜとなっての使命感が、小生をして馬琴翁の「百年以後（馬琴翁の目論見は、恐らくのところ、幕府瓦解時とした筈）の友」となさしめたのであろう。とは雖もこれは小生の学才によってなるものではない。何となれば、翁のその歴史的の名作さえ読み得なかった者に、学問的の才能を評し得ぬ事はあまりに自明であるからだ。

小生の立場は、つまりは、単なる偶然・遭遇の者とすべきである。序でに申すべきは、ここでそれに関する単純な運命性を深く論じる事は、「天意を汚す」、として決して好まないが、小生が小説家・文学博士の幸田露伴先生に就いての文学者による研究組織「露伴会」に、未だ初歩以下の輩に拘らず参加を得たのは、これは間違いなしに幸運によるものであった。

露伴先生は馬琴翁の「メッセージ」の意を確実に知っておられた、というのが小生の感得である。それと、馬琴翁の友人として挙げられた三人の方々、これも当然に知っておられた筈である。それでも馬琴翁の示唆される事実史が明かされなかったというのは、往昔の我が国の身分社会に於ける各々の「規律」によったのである。それが良きにつけ悪しきにつけ我が国の文化的風土であったし、美や威儀の厳かなる源泉であった。

日本社会は早くに「ひらがな」なる簡易文字を発明し、これを使用し続けた為に、その特徴を生かして世界に先駆けての細やかな女性文学が展開された如く、男女を問わず、志向者は個々に、歴世の作者群の創作意図を具にたずね得る環境を与えられて来たのである。

それは、小生の様な普段は日本文学に疎遠の者でも、その世界に容易に入って行ける事からして確かめうる。この度小生が偶々の歴史発見から馬琴翁の『八犬伝』の創作意図、これは複数である事は明らかというべきだが、その中の一つを思い当たったのもこれが為である。

この歴史学的の発見を諸学会に直ちに報告すべきは、教育を受けた者の義務である事勿論であるから、それなりの努力をして来た積りであるが、著しく要領を欠いては暫く立ち往生気味であった所、ここへ来てこの『伏姫』の真実の他にも、新たに見つけ出された日本史の「諸々の秘密（これらは今日誰をも害しないものであり、然も誰もが正しく知るべき事どもである）」をも合わせて、改めて世に問い直すべく、こうして記した次第なのである。

武蔵国足立郡の武士として伝えられて来た「足立遠元」とその家に就いては、巷間、「公家であった」「世が世であれば、将軍や大名を遥かに凌ぐ家筋であった」ともされて来たのだが、これには途方も無い程の底流というものが有るのだろう、という小生の探索は五十年に及んだ。その間、財産と言えるものは使い果している。だが、千百年以上を以ってするこの家、往昔は醍醐天皇の外戚勧修寺藤原氏の氏長者、の浮き沈みに就いては、鎌倉期から数えても、少なくも六回は繰り返している事を知り得ているから、動じるべきものでは全くない。

自家史に感けていても埒が明かない。それで、千葉県袖ケ浦市に眠っていた「浦瀬局問題」に取り組む事となった訳である。これが、一応、「顕彰・報恩供養会」を見るに至り、改めて「遠元」の問題に立ち返ったのであるが、丹波の竹内正道先生（元福知山女子高校校長で、丹波足立氏の菩提寺住職であられる）の『家族の源流 足立氏ものがたり』を拝読・通信させて頂き、初めて知る遠元の史的像に「日本史の秘密」を感じ取ることとなった。私事とばかりは出来ないというものだ。

近衛・後白河・二条の御三代の皇后の義理の兄妹（皇后の御母は叔母であるから本当の従兄妹でもあった）**で、後白河院の最高臣となった藤原光能のその正室となった遠元の娘**が、従二位光俊（上皇・後高倉院の最高臣）を生み、それと光能の妹が以仁王の妻となっている史実を以ってすれば、遠元家に就いての巷間伝承に全く符合するもの、すなわち口碑の在り様に誤りが無かったとし、これは援軍材料として利しうるもの、すなわち「（将軍代行老女）浦瀬局」の歴史化にも大いに貢献し得るのではないかと、直感したのである。

或いは又、遠元を「文武の師」とした伊豆流人の源頼朝は以仁王を「新皇」と呼称し、その「令旨」を「勅令」として自らの挙兵を美化・正当化したとされるが、『平家物語』にある「福原院宣」（以仁王の即位を承認されない法皇のお立場と、それからする法的条件によれば、福原院宣ならずとも、別しての「院宣」は不可欠であった。したがって、頼朝は事後修正として、何れかの「院宣」（たとえば八条女院〈はちじょうのにょういん〉のそれを受けた形を取っているとされる）の書き手が光能とされ、これと伊豆の国主・源三位頼政が遠元の舅（遠元後室は頼政の娘・歌人二条院讃岐との説が強い）の事をも併せれば、従来の歴史が如何に改竄・捏造を重ねて来たかが推察される。

つまり、貴族政治から武家政治への移行という日本史の枢要部に、重大極まりない誤謬・捏

造があるということである。

そうとなれば、運命を課せられたに似た如く、拙文を連ねるをも構わず斯く諸諸を紹介すべきとしたのである。何れにせよ申すべきは、小生の家は経歴的には公家から農民へとなっての非武家のそれであるが、過去の武家の気概に惜しみない称賛を覚える者である。

目次

第一章　『八犬伝』の「伏姫」モデル浦瀬局（うらせのつぼね）

―百年以後ノ知音ヲ俟ツ（ももとせのちのちいんをまつ）―

第一節　美貌の才媛

昭和四十八年に『千葉県君津郡平川町史』が君津郡の旧袖ヶ浦町と旧平川町との合併を記念して刊行されている。その中に、「豪族葛田氏家系」というのが記載されている。

田舎の旧家というものの中にはなかなか面白いものがあるものだから、これもその一つであろうかと紐解いたものであるが、その前に、小生に一生懸命その墓石を見る事を勧めてくれる方が居られたのである。

小生は若年より「碑学」に連類の「掃苔学」に興味（その素地は「字」を書くのが好きという事に有った、と言えよう）を持ち、この件では人様より上の見識を積んで来ているという自負があった。それで、千葉市域のものを始めとして、数百か村にも上るほどのそれを見て来たものである。

いや別に、精々三百年や四百年の歴史しか語らない墓石だけを以って、その家の格式が図れる筈が無い事は素より認識しての事であるが、墓石には不思議な美、形式美が現出されていて、そこに人々の暮らし方、向上心、喜怒哀楽などさまざまなドラマを蘇らせて呉れる物として、歴史の代替存在として見たいのである。

だが、少し厳しい観察観を申すならば、過去の歴史に恵まれなかった人が新しく繁栄期に恵まれた時には、見返すべくの「魂胆」が秘められ、却って悲哀を感じる場合があるものである。歴史に透徹した者の目から見るならば、その家の墓石がどういう意図で以ってその様に設けられたものか、たちどころに分かるであろう。表面、家々の間の優劣が目立つとも、それは時代的の盛衰に過ぎぬものであり、絶対的のものではさらさら無いと言うべきなのだ。

この場合、葛田家のものも一定の範疇にあるものであろうとの当然の予想があった。所が見て驚いた。大名の墓地墓石を少々コンパクトにして設えた様な豪勢さではないか。これは、同じ袖ケ浦市の野里地区にある彼の「佐久間東伝家」のものに次ぐものではないか、と。この様に、改めて驚いたのは、佐久間家はこの地方にあっては別格の家であろうから、後は有ったとしても格段に下がるものという思いが強かったからである。

野里佐久間家の先祖の東伝さんというのは戦国期の真里谷城主（旧上総守護職家）・武田氏の次男で、通称は左京、実名を久清と言い、豊臣氏の小田原北条氏征伐の砌、房総攻略を命ぜられた徳川氏によって落城後、下野に逃避したとされる父の信高の下命を受けたその家臣団によって、八歳の幼い身をその地に潜め、やがて母方の姓を名乗ってその地の里正となった人物である、と郷土史家の鈴木米郎先生が「野里の殿様」で書いて居られる。

その地には、左京の母方の家すなわち佐久間清右衛門家や、乳母夫婦の家、真里谷城の重臣の吉田家など、揃って土着されている。東伝さんの墓石は所謂大名型と言われる笠付きのもので、主柱は円筒形に作られ、「院殿号」が諡されており、江戸初期農民一般のそれとは懸離れたものである。さすがは房総に於ける上総武田氏の威光を遺す随一のその墓石群の代表と言うべき趣がある。勿論、観光資源存在としても十分に耐えるものであろう。

だが、佐久間家には二冊の過去帖があるにも拘らず、東伝さんの経歴さえ判然としてはいない。二つの過去帖には確かに立派な戒名が今日まで書き連ねられているのだが、それでも、その系譜的脈略が順序立て出来ないという事である。まさか、戒名だけで系図を作るわけにもいかないのだ。それかあらぬか、佐久間家に就いての公的記述は無い。

それに比すれば、葛田家の場合、墓石群はその規模に於いて劣りはすれども、江戸期の系譜は整然と読み取れる様に書かれておられる。

唯、戦国期の系譜となると、判然と書かれてはいるのだが、何分、武田一族とするそれは、後述する高浦家の里見義豊後裔系図のそれと同じく、他では全くお目にかからずのもの、正しくそこに初めて紹介されるものであるだけに、未だに納得すべからずのものがあるのであり、それを以ってか、現在の袖ケ浦市教育委員会からは忌避されている如き次第である。いや旧町史にあるそれを先ずはここに書き写し、御覧に入れるべきであろう。

豪族葛田氏家系（『平川町史』より）

葛田氏はその系、上総武田氏に出ず。真里谷城主武田三河守信興の男、和泉守武定、久留里城により遠江守真勝及び豊前守信恒を生む。真勝は勝氏の祖にして信恒は葛田氏の祖なり、大永年間里見義尭と戦い久留里真里谷両城は落城し爾来里見氏に属す。信恒は武田九郎丞又た豊前守と称し横田郷小坪の館に住し里見氏の代官たり。信恒永禄年間戦功あり里見義尭より感状ならびに上総介の守本尊なる正観音一体を賜わる。その子弘恒武田九郎丞と称し、父に続ぎ小坪の館に居住、里見義弘より諱字を賜わり弘恒という。奥州刈田郡に赴き帰国の後刈田和泉守と改む。天正十年壬午六月二十六日領主里見安房守義頼に願い出で横田を不入地（中立地帯）として新宿を設立し横田に市が立つ事になった。その子弘直又和泉守と称し、小坪の館に住す。天正十八年上総国は里見領より徳川領となる。よって館もまた廃せられ、これより刈田和泉は帰農し横田郷小坪村に住し、刈田を葛田と改むと云う。武田信恒七代の孫を葛田惣兵衛和恒と云う。このころ横田郷高浦氏の女にて八代将軍吉宗に召されて世子家重の乳母となり、浦瀬の局と称し後家重の将軍になるに及び老女となり権勢江戸城を圧するほどの人あり、和恒局の縁により一万石の格式を賜わり苗字帯刀ならびに姓を称する事を許されまた局よりしばしば与えられたる金子にて田畑を購入し豪農となり、その孫丞恒は学和漢にわたり囲碁俳諧に通じ、武芸をよくし藤右衛門と称し、号を嵐窓また五柏と云うこの代を葛田氏の全盛期とする。左にその家系を誌す。

系図

大孫王
新羅三郎従四位上　武田次郎
甲斐源氏大祖　従四位下

清和天皇―貞純親王―経基王―満仲―頼信―頼義―義光―義清

検非違使武田氏初祖

従五位下
武田太郎従五位下大膳太夫
武田五郎従五位下
伊豆守従五位下

清光―信義―信光―信政

大膳太夫

武田治部少輔
武田弾正忠
武田伊豆守
武田孫大
武田大膳太夫

信時―時綱―信宗―信武―信成

侍従従五位下
甲斐守

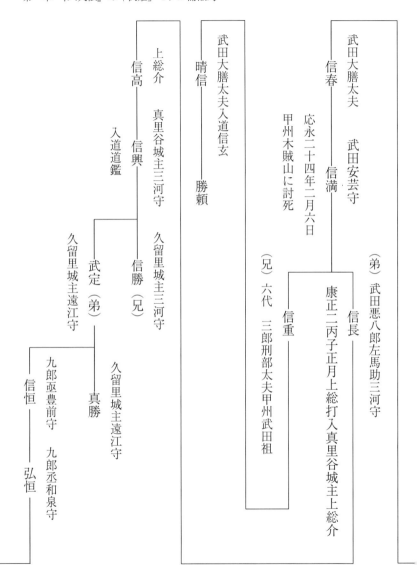

信春　武田大膳太夫

信満　武田安芸守
応永二十四年二月六日
甲州木賊山に討死

信長（弟）　武田悪八郎左馬助三河守
康正二丙子正月上総打入真里谷城主上総介

信重（兄）　六代　三郎刑部太夫甲州武田祖

晴信　武田大膳太夫入道信玄

勝頼

信高　上総介

信興　真里谷城主三河守
入道道鑑

信勝（兄）　久留里城主三河守

武定（弟）　久留里城主遠江守

真勝　久留里城主遠江守

信恒　九郎亟豊前守

弘恒　九郎丞和泉守

和泉守 弘直
和泉守 因恒
物兵衛 貞恒
葛田和泉 到玄
芝崎氏の男

藤右衛門（和泉入道）（離別） 真恒
婿藤右衛門信久 女子
物兵衛 和恒

藤右衛門 広恒
藤右衛門 丞恒
藤右衛門 恒応
藤右衛門 恒明
藤右衛門 恒当
物吉郎（明治となって恒となる） 恒忠

俗名 女子ヒロ
鳥飼氏の男婿とる

斉哉氏の男婿とる 女子由美
東京在住

順
横田に居住
現在に至る

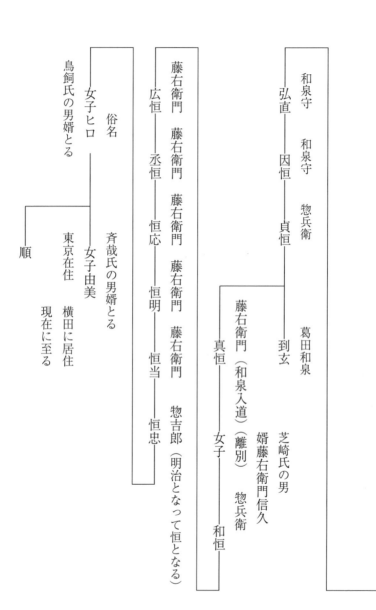

葛田家に就いての記述は以上の通りである。この系譜の考察に就いては後段で致したい。

次は局の生家の系譜であるが、これは里見氏嫡流筋の義豊の後裔のそれとなっている——系図というものは、大方、そういうものでありましょう。旧華族の系譜は四割以上が藤原系とされたほどなのです——。その中で、高祖高浦但馬守貞矩、これは西上総地方で最古の慶長元年の墓石が存在するのであるが、その祖母、母を上総小糸城主の秋元氏女としている。秋元氏は、江戸期、老中となっている。

上総横田の名家葛田氏和恒の弟藤兵衛との婚姻生活を破っての紀州家への奉公であるから当然、封建時代的の強要をともなったであろうが、この場合のその最大の因は局・高浦銀の抜けるが如く色白と伝わる美形ぶりと磨かれた理知性にあったであろう。吉宗公の、その盛んな好色性の中にも、基根有らしめたと思われるのは、将軍となった後にも後室を設けずというものであっただろう事だ。すなわち局は、実質、正室に近い存在と申すべきであったか。

高浦銀が吉宗公の世子・長福丸（後の家重将軍）の乳母生活を続けなければならなかったのは、長福丸の言語障害性にあった事は疑いを持たない。そして、吉宗公の地位の大変化・将軍就任はその生涯の最後まで銀を必要不可欠の存在とせずにはおかなかった筈である。所が、公の薨去でその情況は変化している。

銀は絵島（事件後は「江島」に改称）の後の大奥改革の参与・取締役として必然的に出役し、やがて筆頭老女となったと思われる。況してや家重将軍時では大奥を主宰しての「将軍代行」

という立場にあらねばならなかった。これは横田高浦家の伝承であり、それに基く旧君津郡平川町史の記述内容である。

家重将軍の幼少時、稚小姓として近侍したのは大岡忠光、黒田直純、田沼意次らであった。直純の久留里三万石への入封時、幕府は「享保改革」の最中にありながらも、久留里城、これは、戦国期、一時、里見氏の居城であったもので、徳川期に譜代の大名が封ぜられたりしたが、土屋氏の後は廃城となっていた、その修築或いは久留里街道の造成の為に、五千両という大金が下賜されている。これは空前絶後の事例として『寛政重修諸家譜』に記されている。少なくとも、これを注視しない郷土史家らは、理由はともあれ、本来その名に値しないとすべきであろう。不見識では済まないのだ。

久留里城は里見氏の所縁とともに、局の元夫葛田氏（上総武田氏の連枝に作る――これも、当然にその様に作られるものでしょう――）の先祖の居城でもあったから、局が長福丸養育時に稚小姓としてあったところの、謂わば、教え子の直純を一万石加増を以ってそこに封じさせたのは自然であっただろう。この期の直純の転封自体を再考察すべきか。

局は、二十九歳時、高浦守典という男子を儲けたのであるが、局は大奥出仕の身であり、なかんづく、吉宗公の正室の如くであったとすれば、父は公以外に考えるべくも無い。

局は吉宗の薨去後、家重や家治への田沼意次の強度の追従性を嫌って引退を決意し、これを致すに江戸城退出・帰郷（寛延三年）を以ってするという離れ業をやってのける。

これは今日までも木更津地方に伝わる語り草であるが、その行列が生家に到着した時、木更津には未だ街道人数の倍ほどの員数があったとされるのであるから、歴史絵巻の中でも大の一と数えるべきであろう。その退出劇には、幕府の「局に対する深い感謝の念」が込められていたと偲ぶべきであろう。

局は退出に際して「大奥での自分に関する記録の全てを抹消した」と高浦家伝にある。武家社会での女性の立場を「政治家」として完璧に認識していたが故であろう。重ね重ね申すべきは、局は我が日本史上に抜きん出た女性政治家という存在であったとすべきであろう。すなわち、局は家重公の重大な障害性を抱えていたにも拘らず、何事も無かったかの如くであったのだ。

斯く、春日局などが遠く及ばぬ、史上最高の女性政治家であったと推奨すべきではないか。春日局の名は歴史に鮮明のものだが、浦瀬局のそれは、自ら「伏せる」を願い、幕府もそれを望んだであろう。そのあり方の違いこそ後者の存在使命の比較にならないほどの重大さを物語るものであったであろう。それが真実史というものなのだ。

局の菩提寺の「横田郷有無縁供養塔」の施主に『高浦新平妹』とあり、その名の上に七人の女性と一人の男性の、合わせて八人の戒名が刻されている。この様な、恐らくは大横田郷にとっても開闢以来の事柄（「法事」という名に借り合わせたもの）に、「施主」という重大な役目柄を果たす存在を思い起こさねばならない。これを説くに局の事とせずんば、果して誰とすべきであるか。問題が残り続けるのを恐れずにおられるであろうか。専門家は不可避の研究義務を忘れてはならない。この問題で町が二分するほどに、大衆が注視し始めているのだ。

この場合、古文書がどうのこうのというのは「逃げ口上」にすぎない。歴史学的に言えば、**この塔の建立の趣旨は、時系列的に、吉宗公**（往昔、貴人の死は少なくとも二年は隠された事からすれば、実の薨去は寛延二年と修正すべきであろう）**の三回忌の為に為されたとされるべきであろう。**

実はこの時系列を立てるには非常な難題が横たわっていたのである。局の江戸城退出が寛延四年の吉宗公薨去に先んじる、つまり寛延三年を大前提とするのがそもそも障害と思えたのである。薨去の年内に大供養などというのもそうである。そこで、小生の同い年の父方いとこが早稲田の国文の出身であるのを幸いとして尋ねたところ、「貴人の死は三年隠された、と講義で聴いている」とのことであった。成る程、吉宗公の薨去年を寛延二年とすれば、その翌年に局の江戸城退出があり、吉宗公の「三回忌」の為の供養塔建立をその四年に果たされたという時系列が成立するのである。貴重な助言をしてくれた小生のいとこが急逝したのはその後間も無くの事であった。事の微妙、無常に驚いた次第である。

この大供養塔は横田郷の古刹・前河山善福寺の境内にあり、現住・權大僧正三浦亮栄先生（浦瀬局顕彰準備会会長）**の御説明では、寺紋は**「**一葉葵**」**である。重大この上もない事実である。**葵紋の使用が極めて限定されていたのは誰でも知っている。だとすればこれ以上にこの地の真実を明かすものとして何を求めるべきというのか。

第二節　曲亭滝沢馬琴の『南総里見八犬伝』執筆の謎

馬琴翁はその博識性により同じ作家仲間をも罵倒する程であったが、何故か、その代表作（日本の小説史上最大のものとされる）のタイトルに「最たる不見識を露呈している」が如しである。すなわち、安房里見氏とすべきところを南総すなわち上総の里見氏としたのである。

これは故意であったのか不勉強であったのか、に就いての議論を小生は知らない。聞いては居らない。有るよ、というなら教えて頂きたい。ここでは仮に無いとして論じてみたい。そして、更に小生は、馬琴翁はあえて非常識の表題を以ってした、としてみたい。

書いている通りに、横田の高浦氏はその家伝上は上総在住の里見氏であり、局の生家・高浦新平家の墓地には「里見姓」とある。局が再興すべく葛田氏藤兵衛と両養子として継いだ「高浦弥五左衛門家（西台という旧の苗字を屋号としている）」の位牌にも確かに「里見姓」と書いてある。又、高浦氏の開発した木更津地方畔戸の旧家高浦家の系図にも里見氏系譜からの繋りが認められる。そこで馬琴先生の『八犬伝』執筆の動機について探ることである。

翁の家歴的原因を先ず捉えるに、翁の生家は川越藩主松平家の分家になる一千石の旗本家に出仕されていた事から、「物書き」の習性として、松平家の家筋は勿論の事、川越藩のそれまでの歴史をも入念に調べ上げた事が考えられよう。それで、松平家の前の藩主家として秋元氏の事が、当然、出てくる事になる。

江戸期の武家は先ずは第一に為政者としてのそれであるから、本来的に、そうした「隠された事情」を知る事が肝要だった。いや、小生の勝手な想像ではない。それが大方の物書きの性分でもある。ましてや馬琴翁の事だ。恐らくは、主家筋の話から、「大奥に伝説的の偉大な老女」に馬琴翁の小説家魂が沸き立ったであろう。だが書けない。書いてはならない。絶対に書けない。絶対に書いてはならない。それがタブーというものなのだ。それが『八犬伝』の刊行に当たっての文化八年の「メッセージ」の意義であっただろう。

「百年以後の知音を俟つ（もものとせのちのちいんをまつ）**」これを解読せずして翁の真価はいかなる研究者も知り得ない。**

幕府は、その時代、既に腐臭を催していた。勿論、倒れるのを正しく予測する事はできない。だが、必ずその時は来る。その時に到って、自分の意図を察した者が真実を明かしてくれるであろう。それが「メッセージ」であった。但し、来るべき幕府瓦解を見越しての「メッセージ」など、誰も想像すら出来ない恐ろしい事であった。

近代の文豪・幸田露伴翁は明治初期に四ヶ月もの間、局の生家近くに謎の逗留をした。どの様な事情で横田に来たかは門外漢の小生には解らなかったのであるが、小生が属する露伴先生に就いての研究会「露伴会」の先生方（この会の参加者は、原則、元大学教授でなければならないが、小生は、元アメリカ・コネティカット大学客員教授でニューブリテン市名誉市民であられる、長谷川博一先生の御推薦を以って参加させて頂いている）にお聞きしたところ、露伴先生は友達の借金の保証人となって、その為の難に遭い、母方の親類筋のある久留里に身を隠すべしという事であった。そして、更に従姉の住む横田に移ったのであろう、というものであった。それならば横田への移動は合目的のものと言えよう。

当然、その地に在られての当時、母方従姉妹の嫁ぎ先である佐久間家や近隣の方々から、局に就いての伝承などを近しく聞いて居られた筈である。上総義軍の話、その参謀を全うした広部周助美成（吉宗将軍と局の間に生まれたと思われる高浦守典の曽孫で、請西藩重臣広部家に入婿。戊辰戦争の陰の首魁）のそれ、局が建立の「大供養塔」、家定公の時の大奥筆頭老女「万里小路局の墓碑」などをしみじみと見聞し、深い感銘を受けられたであろう。その彼は文豪と謳われた。文学博士と歴史的に位置付けられた。それでいて局については何一つとして言及しておられない。不思議なあり方であるが、何故であったか。

それには、幸田家の立場が厳然としてあっただろう。露伴先生の家は幕臣、それも大奥に隣る所の中奥を職域とする「茶坊主衆」というお家筋であった為に、当然に大奥と同じの「掟」を頂く、すなわち職責上に得た事柄は口外を固く禁じられた、とすべきであったからだ。家訓であり、律法であったものが生れながらに先生の生涯を少なからず規律したと思われる。

それはそれとして、露伴先生は『八犬伝』の手法（中国の歴史文学『水滸伝』等のそれを借りている）に就いては、馬琴翁をあまり評価して居られない様である。小生は浅学で分からないが。又、露伴先生は、民俗学の先駆者柳田国男先生と同様に、歴史に就いては正確な史実を求めるというお考えは持たなかった、と露伴会の先生方は話しておられる。それと、露伴先生のそれについての不言及というのには、知りすぎているが故に「野暮」としてなされなかった、とも言えよう。これは、恐らくはこれらの諸々が作用していたとすべきであろうか。

何れにしても歴史を綴るには人夫々の立場がある。はて、この当たり前の原点に改めて立ち返って見た時、大きな構図が浮き出して来ている様に思える。

すなわち、露伴先生の横田行きと申すべきは決して逃避目的に始まったものではあるまいという事だ。これは、実は全く逆で、真の学術的意図が秘められていたのではないのか。「立標」である。この様に露伴先生のその行程を学術的に検索すべきとき、その一連は「後に続くべき者らへの誘導・示唆が籠められていた」と解釈し直した時、総てが諒解されるのである。その無言の中に総てが表現されておられたという事だ。これは、貧才ながら曲がりなりにも「露伴会」の一員としての小生の認識である。露伴先生と横田の関係については第五節に「島村書簡」として改めて紹介致したい。

所で、南総里見の意に就いては説明し、これに同意して頂くべきだが、『八犬伝』での「八」という数字に就いても気付くべきものがある。大奥老女らの地位的特権の事である。老女たちには「侍女」という者が配属されていた。その数は「八人」であった。侍女にとって老女は主家であるから、それに対して忠義を尽くすのは至極に当然である。八犬。犬というのは、これは飼い主に対して例外も無く忠実な動物である。犬と人とは仕草によって会話する。

そして最後に「伏姫」（八犬伝の中で里見の姫は、一時、聾唖者の情況で描かれる。家重将軍が重度の言語障害であられた事が或いは投影されているのか）**という名前であるが、要するにこれは「伏せられた女性」という意味であろう。馬琴先生の絶妙の命名であられたというものだ。**因みに執筆当時の将軍家は家重系ではなかった。やれやれというもの。

大小説の女主人公に擬せられた浦瀬局こそは、徳川将軍家最大の秘密を握り且つ偉大な出所進退を女ながらに致してみせた、歴史的のスーパーヒロインと言えよう。曲亭という馬琴先生の屋号も可笑しなものだが、或いは「局」に付合させたのであろうか。

第三節　木更津義軍府（幕府亡命政権）の成立

何故に木更津の地に幕府の旧臣らが集合したのか。確かにこの地は江戸の対岸にあり、文物も、所謂、江戸前のものに満たされていたとされる。例えば、民謡「木更津甚句」の三味線の旋律は上総という鄙には稀な「粋」を感じさせ、日本一とも言うべきほどに出色のものがある。

だが、それだけであの伝えられる義軍の精神が発揚し得たであろうか。そこには実は偶然的なものよりかは遥かに準備的、組織的の要因が充満していた事が明らかであるのを小生は訊き付けている。

木更津、横田、久留里、根岸などには幕府に忠誠を誓うべき家筋が群を成していたのである。小生は数年がかりでそれらの家の系譜、墓石、戒名などを精査している。当時、局の姻戚筋は互いに重縁関係を結んで、その家柄群は特殊、上級の閉鎖的存在であった。機密保持のためである。因みに当時は「罪の連座制」というものが厳然としてあった。そして、その家柄群の中心に位置したのは、幕末の時点では、横田の近郷・上根岸の広部家であった。その当主周助美成が高浦家からの資質に優れた入婿であったからだ。

周助は木更津請西藩一万石の「客臣」とも称された重臣（禄高は藩中で一、二位であった）であり、将軍家の正月料理・兎汁の為の「兎」を献上する藩にあって「献兎役」という重大の役職を帯びていた。彼は浦瀬局と吉宗公の玄孫として考えられ、その重職を担い、故に江戸城登城の折には、いかなる徳川重臣と雖も、彼に対しては平身低頭の礼をとらねばならなかったと伝えられている。「御落胤なりの実際」があったという事であろう。これは小生の誇張などでは決してない、木更津市教育委員会の方から直接お聞きした重大なる口承そのままのものである。有名な事象なのだ。御維新・官軍東下という事態に、旧幕臣らが木更津に集結したのにはそうした歴史的環境状況があったのだ。

時に、請西藩主林昌之助は弱冠二十一才。驚くべき事に、彼は幕府撤兵らに呼応するに、大名身分を捨てて自ら脱藩致し、旧幕義軍隊長となったのであった。

その後の彼の行動記録を分析すると、その陰に周助の姿がまさに巨魁として浮き出て来るのである。それは直木賞作家中村彰彦氏の御著に詳しく見える。その「戊辰戦争」はあの様に拡大していった訳である。

そこに異彩の女性が出現していた。家定公時の大奥筆頭老女「万里小路局」という存在であったが、昌之助の義挙に感激したとの理由で請西に移住して来たのである。住居は古刹・長楽寺の本堂内庭の離れ座敷というものであった。

奇縁と言うべきか、小生はこの林家の先祖発祥の地なる信州上田市の「林之郷」に隣接する「わたべ団地」に家を建て、新婚生活を送っていたことがあるのだが、更に、ここに登場してきた万里小路家というのが藤原北家勧修寺一族同士という関係になっているのである。勧修寺流の第三代は土御門中納言朝忠であり、その朝忠の弟・朝頼の後裔になる者が万里小路家である。万里小路家からは、その後世、四人ほどの皇太后が出ている。

局は義軍に対して軍資金百両をさし出すのだが、その軍資金を受け取るに周助が単身で会い、それを持って箱根戦争に赴いた隊を追って届けたと云う。すなわち、一万石の小藩の名主役兼帯の地方代官のなせるべき行動ではなく、確かに「曰く有る身上」のそれであったと考えるべきものであった。

伊達家が離脱した際に「伊達殿、卑怯で御座るぞ」、と大音声で呼ばわったと伝えられる様に、周助は東北戦争の最後まで「義軍参謀」の役を全うしている。

清冽、鮮やかな士魂が展翔された偉大な現象であった。近代の帝国軍人精神の「理想」となったそれがそこに現れていた。「さむらい」というものを知るべき者はこれを知らねばならない。周助の曽孫・広部忠彦先生（東大法卒　元満州帝国首都新京市長）**の回想録『有情畔日記』を先生の姉上様の御子息であられる石川昌先生**（東大法卒　木更津市長四期）**にお借りして拝読させて頂くと、新政府側は周助のその人となりを確かに把握していた事が察せられる。**

忠彦先生の回想録には書いておられないが、政府は勝海舟や山岡鉄舟を何度も派遣し、明治天皇の御命令として「出仕」を促した。然し、周助はそれを悉く拒み、有名な「一句」を献じている。

「富士のほか　畔戸に山は　無かりけり」

この句に就いては高浦新（局の現代の御当主。今は故人）、悦二（局の養子先の現代の御当主。今は故人）の両先生から御説明があって理解していたが、改めて忠彦先生の、やはり甥になられる横田貞章先生（木更津第一高校の国語の担任などを経て、新設の袖ヶ浦高校の初代校長になられている）にお聞きしたところ、その意には三つほどのものがあると母上様（忠彦先生のお妹）から聞かされているとの事であった。次のものがその第一のものである。

畔戸とは現在の木更津市の西部地区にある地名であるが、周助の先祖高浦氏（局の先祖）が切開いた新田の事で、高浦氏そのものを指している。富士は徳川将軍家の事であり、山は主君を意味している。要するに、二君に仕えずとしてその使いの勝海舟や山岡鉄舟を暗に非難しているのである。

所で広部周助美成翁の研究で気付いた事なのだが、その三男雄次郎氏の件で、今日、歴史文化上の問題課題が派生しているのを報告致したい。

雄次郎氏は上根岸の隣村である下郡の素封家善場家に婿入りされたのであるが、その嫡孫の九馬造氏にお訊ねした所、特別の感慨がお有りの様子であった。

「私は雄次郎を見た事が無いんです。雄次郎は広部家から婿に来て男の子が二人生まれた後、東京に出ちゃったんですよ。能力のある人だったと云いますからこんな田舎では暮らせなかったのか、或いはこの家が気に入らなかったんですか、分かりませんが」。それを聞いては、小生は横田の高浦悦二先生や木更津の石川先生からお伺いしていた知識をご披露し、慰めるしかなかった。

これまでに得た知識、認識からすれば、「広部周助美成こそは戊辰の役に於ける東北戦争への発端の陰の首魁であろう」というのが私のしなければならない史論であろう。

この様な、従来には全く無い仮説を展開するにはそれなりの責任が伴わねばならない。その為の理論補強にはもとより多くの状況証拠を提示せねばなるまいという事で、時には誤解も恐れず、蛮勇を奮っての突撃取材も辞さない場合があるのである。この善場家訪問が正にそれであったのだが、それによってやはり歴史は生きているという事をしかと実感させられた。

老御夫妻が揃って言われた。「二十年以上も前の事でしょうか、木更津の浄水場が出来た時、二人で見に行ったんですが、その時、浄水場の傍におじいさんの名前を書いた石碑があったんですよ」「何の石碑ですか」、俄然、咳き込むように小生が聞く。「さあ、何の石ですか、兎に角、おじいさんの名前があったんです」「分かりました、私が調べてみます」。

こうなっては安請け合いでは済まない事だ。次の日、木更津浄水場の辺りを訊ねる作業を半日掛かりで致した訳である。

小櫃堰公園の内外、祇園地区の神社・仏閣の境内のその凡そ思しき物、牛袋方面、十日市場方面、再び公園、と。後で知ったのだが、とんでもない方向違いを探し回っていたものである。土地勘というものが全然働いていなかったのだ。

公園事務所のお方と例の浦瀬局の顕彰問題に就き及んでいたところ、その方が袖ヶ浦の或る方の名前を聞き咎めて「彼なら知ってます。或時、書類の押印をめぐって、彼が怒ったんですよ。『私より下の者から判子を点いて貰って、私の所に来たって、私はこんなもの知らないね』、そう言ってその書類をぶん投げたんですよ。その相手は困ってしまったですが、あの男はそんな男です」。私も話した。「いやー、私はですね、その平川町史の記述に就いてはこれっぽっちの責任を有してる訳ではありません。それをですね、そんな記事を書いて、証拠がありますか、って、私に詰問するんですからね。私は一般市民、然も千葉市民ですよ。それを当該の公文書を引き継いでいる筈の市史編纂委員の方がそう仰るんですから、責任転嫁も甚だしいと、私はひどく呆れたんですよ」「そういう男です、彼は。唯我独尊、仏様みたいな人ですよ」。

調査過程での副産物というのか、小生は地方自治体に於ける教育委員会組織の実態を見た思いで、「浦瀬局顕彰問題」の障害を確かに認めたのである。何時ぞや元文部大臣の石橋一弥先生とお会いした時、信念を持って廃止したいと仰っていた意味がわかる気がする。いや、当該の袖ケ浦市長でさえ厳しい見解を持って居られたのである。所でさて、その公園職員の方は善場様の言われる様な石造物は自分が知る限りでは無いという事であった。小生は夕暮れにもなった事であるし、次の日に期すべきと、その日は終えたのである。

そしてその明くる日、念の為にもう一度同じ場所地域を探し歩き、土地改良事務所などにも寄ったりしたが、何の手がかりも得られなかった。その探索方面が全く違っていた事が分かったのは数日後であった。小生は人名碑（恐らくは、後日にお伺いした内容性質から「頌徳碑」であったに違いあるまい）の所在地探しに場所違いを犯した事を覚ったのだ。

その場所地域、すなわち請西地区を廻り、大変お世話頂く事になったのが石橋幹夫氏である。氏は真舟陣屋（林氏の請西一万石の本拠）の件ならば林勲氏（請西村の総代名主の家柄）の御子息・英一氏が良く知っておられる筈、という事で、請西の幼稚園理事長の林英一氏をお訪ねさせて頂いたのである。が、氏も人名碑に就いては分からないという事であった。それでもお父上の調査記録が木更津市立図書館に沢山有ると聞き、その図書館に出向く事となった。

この様に歴史的事物の探索というのは非常な広域範囲に及ぶ事である。小生の半生にはこれが多い。一銭にも成らない事を何故にするかと言われようが、深く思うところでは、或いはこれは運命とするしかあるまいものだ。元々は理工系であるから、本来そういう考え方は避けるべきだが、件の万里小路局（養家の万里小路家は皇室の外戚に数度成っている）は小生（勧修寺藤原の氏長者朝忠の直系。第三章に述）の同族である事も運命的課題と思えてしまう。

図書館の郷土史資料室の蔵書の中からめぼしい資料を探してそのコピーをお願いしたものの中に、木更津一高の国語を担任されて有名の宮本先生の御論文があった。木更津地方の事柄を名族同士の姻戚関係から綴られたもので、地誌に不案内な者にとっては非常に分かり易く、助けられる思いであった。例えば、「まて様とりか女」であるが、宮本先生は、

「請西の飯塚氏の墓地に、形の一風かわった墓石が一基あって、ならんで二つばかりの石がある（ちょっと此処の所は意味が取れないのだが）。**この墓石の下にねむる人は、世人がまて様とよんだ、江戸城の女中頭の老女であることを広く郷土の方々に知っていただきたいことを久しく心がけている**（註　局は飯塚家から養子を得ていた）」。

と書かれて居られる。そして、

「まて様とは万里小路局（までのこうじのつぼね）という老女のよび名である。この人について、今日、はっきりと残っている文献は、平川町横田の中宿（なかじゅく）二六四九番地川名唯夫氏宅にある、鹿山・広部精の『万里小路松寿院殿墓誌銘』の拓本だけである」

とし、まて様の出自、江戸城に於ける将軍家斉や林家十四代の林肥後守忠英などとの脈絡関係から、林昌之助の佐幕・義挙に感激しての請西への転居、更に江戸城中での侍女であった川名家嫡女・里鹿のもてなしなどの事を述べておられる。そして、まて様が請西に来た時期を考証されるに、林昌之助の『戊辰出陣記』を参照され、

「……、又、つづいて出陣記の閏四月の六日韮山（にらやま）に宿泊した時のに、一、この日広部周助南総より韮山に着、万里小路より金百両を請来れり、とある。まて様から陣中見舞いとして軍資金を金策して広部周助が南総から、追いついてきたことがわかる。当時の百両は大金である。まて様が林昌之助の義挙を激励していたことがわかる。これでみると既に請西に来ていたようにもうけとれる。してみると「以前か」「以後か」いずれであるかわからないが、まて様の身柄を林昌之助が、自分の領地請西へあずかって招いたのは、慶応四年三月七日以後、閏四月のはじめまでと推定される。今日のところまて様の記録はほとんどしらべられていない。しかし、その存在はうたがうべくもない」

とされ、更に、

「広部周助がはじめて林昌之助をめぐる人の中に入っていることをわたしが知ったのは、夢林翁戊辰出陣記に『此日広部周助……』とある一行の記事である」

と書かれておられる。

宮本先生の万里小路局と広部周助への御言及に極めて注意を促された小生は、後日、高浦悦

二先生にこの部分のコピーを差上げた所、先生も改めて広部周助の立場の特異性に驚かれたのである。請西藩林家の客分待遇であり、幕末・御維新時には重臣として参政したとはいえ、本身分は名主兼職の地方代官に過ぎないものが、たった今までの江戸城大奥の老女を相手に接触し、大事の軍資金を頂戴して来るという役目柄を果たすなど、考えるべくも無い事であった。大奥老女の権勢がどのくらい強大なものであったかは、宮本先生も述べられている様に、時に大大名のそれをも凌ぐほどのものであったというのが真実史であり、それを踏まえて周助の行動記録を分析するという姿勢が基本に据えられなければ、歴史の深奥を探る事は出来ないのである。

従来性とは全く異なる次元、視座に自らを移さねば不可なのだ。それが、高浦先生のお立場は、事の次第が百数十年も昔のものとは雖も、つい近昨のそれの如くに、正に如実或いは幻として現れるべきと感じられるのであろう。ここでも言うべきだが、歴史は生きているし、甦るものである。

小生が現在の広部先生や石川先生に対して、広部周助に就き、高浦新氏仕込みの伝をお話しするのもそうであろう。我々は皆、幕末御維新の激動の歴史を幕府所縁の子孫として共有している。我々は幾重にも閉ざされた敗者の倫部を、漫ろにではなく、民族共生の為に、厳粛に吐露しなければならない。その為の時は、何時でも今なのである。

この問題の重要性を木更津図書館の館長さんにご説明させて頂いた時、「戊辰時に於ける東北戦争の陰の首魁は浦瀬局の玄孫に当たる広部周助美成でありましょう」との持論を述べたところ、館長さんは、「今までに無いレベルのものです」と感想を述べられている。

人名碑に就いてであるが、それが消えた理由であるか、妙な地元事情を耳にする様になった。「大規模の宅地造成開発には先ず遺跡発掘調査が不可欠です。その費用が自己負担とあって、地権者も業者も悲鳴をあげています。ただでさえそうした所を請西藩に関わる石碑が建っていたとあっては、これは、必ず教育委員会やら史跡保存・愛好家たちの動きが出て来て作業は一層停滞する事になります。こんな事を言っては何ですが、関係者にとって請西藩関係の遺跡が重要である事は解っていても、背に腹は代えられないという事です。有ったとしても、それを闇に葬ることが十分に考えられます」「うーん、成る程ね、そうでしょうね。造成作業を遅らせるばかりですからね」。この噂話を善場御夫妻にお伝えする事にした。

「私はこのお話を伺った時から、石碑の存在を信じて来ましたし、大きな期待を抱いて来ました。所が調査の過程で、現在は無くなっているという事自体に疑いを持つ様になりました。まあそういう訳で、旦那様が申されます様に、今それを探し出す事は非常に難しいでありましょう。でも、元男爵林家の御当主忠昭様からおじいちゃんへの感謝をこめての御著の贈呈が有った事は紛れも無い事実ですから、おじいちゃんの名誉は保証されている訳です。それに、当時の村長さんの伊藤精一氏（お父上は善場家産）が翁の墓石の裏に翁の為の事績碑文を書いてるんですから。何も無い人に碑誌なんてありませんよ……」

その碑文の撰ならびに書は富岡村の村長などを歴任した親類の伊藤精一氏の手によるが、精一氏は、雄次郎翁が東京に出た後に、その御長男善次氏を自宅に保護して養育したと伝えられている。翁は遺骨となって帰って来てから顕彰されたのだ。

善場家墓地入り口左側にある墓石の裏に、「廣山善場勇次郎翁の墓誌」とし、次の様に刻されている。

翁は本村上根岸廣部周助の第二子嘉永五年十一月十九日の誕生なり　長じて善場治右衛門の継嗣となり女利嘉刀自を配す　翁が社会的閲歴は初め下郡村用係総代人小学校世話係等に挙げられ村治に寄与せり　日清の役起るや陸軍省雇員となりて従軍功を以って金幣若干を下賜せられ　資性恬淡にして酒を嗜みそれに巧みに又俳諧を善くし四時の風物感興即ち句をなす晩年老いを東京中川邸に養ひ大正八年十月十一日病に罹りて歿す享年六十有八

大正十年十月　　伊藤精一識

善場善次建

雄次郎の父すなわち周助美成は初め信成とし、横田郷高浦源蔵成則の三男で、局の子・守典（もりのりと読むか）の曽孫になる。成則に就いては『平川町史』に次の様に載せている。

弓術の達人　高浦成則

君諱は成則源蔵と称す。南総横田の人なり。父諱は方章弥五左衛門と称す。母は能星氏君その長子なり。少壮江戸に出で聖堂に学ぶ帰郷の後、家を継ぎ里正となり家道を治め小櫃川の川運を以って運送の業を行なう。弓術を好み古田流雲荷派の達人小俣七郎義陳に学びその奥義を授けられたりと云う。文政七年甲申六月六日没す年五十二。善福寺の塋域に葬り即証院円融智勝居士と諡す（註　悦二先生によれば、家伝では暗殺されたと云われる）。

周助翁は広部家から婿養子に望まれた時、「金を使わせて呉れるなれば承知」と言ったと、これも悦二先生がその伝説を話して下さった。請西藩の代官職にあったり、万里小路局より軍資金を手ずから受け取ったりと、経理を能くした上に義に勇む心の強かった真の丈夫であったろうが、請西藩が上総義軍と化すにはそれなりの資金が絶対的に用意された筈である。藩が佐幕派として決起した時、敗軍の運命を予知していた訳ではなかろう（いや、周助翁は後年述懐するに、「あれは意地でやったものだ」と言っている所から見ると、負け戦は十分承知の上での義勇であったとすべきか）。

何れにせよ、大政奉還したとは雖も、旧幕側には官軍に対して総合的に勝るべき武力が残存していたのであるから、旧幕首脳の意思次第によっては、或いは体制復活も十分に可能の情勢と請西藩は踏んでいたとも言えようか。

戦陣ともなれば、他領他国の地を選ぶべき時、軍資金に就いて初めから苦しむべきでは無い。こうした場合、スポンサーが出現しなければならない。周助は、この場合、全くにその為に約束されていた人物であったと言えよう。

生家高浦家の筋目と養子先広部家の近江源氏と伝える往昔からの武門意識、それに加わる個人的富豪性、藩政郡方の立場すなわち財務官僚としての役目柄、これらは全て周助をして有事の際の重役をば果たさずべからず、と立たせたに相違あるまい。その様なわけで、軍資金は広部家からも相当以上に拠出されたであろう事だ。

上総義軍の参謀として奥羽戦線に従軍し、終に惨敗した彼に烙印されたのは「逆賊」という汚名であった。戸籍に大きく押されていたと伝えるものだ。それはそれで良い、と彼は堪忍生活をする積りで隠棲したのであるが、世の中は奇妙・理不尽のもので、四民平等を謳う筈であった新政府が、早くも明治二年六月、諸藩主の版籍奉還を許した時、従来の公卿・諸侯の呼称を廃止し、彼らを「華族」としたのである。その華族と成ったのは四百二十七家であった。

その後、明治十七年七月、華族令が制定され、その華族が公・侯・伯・子・男の五爵に格付けされ、その際、爵位に列せられた人は全部で五百九人であった。やはり、旧請西藩主の林家はその栄に浴しなかった（小生の一族も、京の公家としてあった者は兎も角、南朝方として敗れて隠棲土着した者らは授爵申請運動したとて、当然に却下されるという憂き目にあっている。小生の家自体は幕府直轄地の開発元締という立場、すなわち純然たる農民と化していたから、運動もしなかった）。

周助翁は主家の不名誉を見、その家格再興を熱望するもかなわず、明治十九年、世寿六十六を以て寂し、善慶院無漏法性居士と諡されている。後には悲愴な言い遺しが子息たちに与えら

れた。「広部家の家産のすべてを費やしてでも、林家の家格再興に尽くせよ」。

周助翁の三男精（くわし）氏は陸軍経理学校教官従六位勲四等の儒学者として知られ、林家を華族（旧大名家としては異例の男爵）に列する時の請願主任すなわち立役者であった。精の長男は一（はじめ）と言い、東京帝国大学化学科を卒業時、「銀時計」を下賜され、文部省留学生としてベルリンに留学したが、罹病。帰国後は更に大学院に入り、二十七歳の時、東大理学部講師たりしが、大正三年七月、三十二才で病没した。

周助翁の嫡男五郎右衛門忠賢の長男・周助忠美先生は東大法科卒後に京大法科助教授となり、明治三十八年から、ドイツ、アメリカ、イギリスと留学し、四十年、インド洋上で風土病に罹り、ドイツの医学に頼ってミュンヘンにて客死した。四十三才の早逝であった。政府は京都帝国大学に命じて教授号を授与させている。彼は従兄弟の一と共に法科、理科で東大の首席を争い、その後も俊秀を輩出し続ける家系の先駆として伝説化した存在である。

広部忠彦先生の回想録は石川昌先生から紹介して頂いたのであるが、その回想録に書かれている御業績を見ると、御先祖の周助翁に負けず劣らずの数々があり、中には今でも世界史的に秘されるべき事柄も含まれ、それ故に「限定出版」という形をとられていると思うのであるが、これに関しては、そろそろ日本国の運命の曲がり角、再方向を決する機運を占うべきとして広く紹介すべき時宜にある様にも思える。何れにしても、皇室との御関係もあられる名族のお立場は、やはり貴重と感得させて頂いている。

善場家の養嗣子となった雄次郎翁に戻る。御維新後、翁は村治に精励邁進していたのだが、父の遺言を果たすべく妻子を捨てて上京し、長い苦難の請願運動中のあげくに側室を持ち、そこに数人の子を儲けた。この事態は確かに不品行と非難されねばなるまい。だが、伊藤精一氏の識ではそれを不言及とした。いや、墓誌の書き込み自体が遺徳の顕彰を意味しているのであり、社会の認めるべき在り方であるから、翁の後半生は親類一同によって紛うかたなく伝え諒恕されたと考えねばならない。何故にその行動がゆるされ、その全体像が顕彰されたのであろうか。

現代の『我われは犬である』（宝島社文庫）でも窺う事の出来る翁のその資質は、碑文にも又嫡孫の九馬造氏に口承された伝えにもある如く、父君広部周助翁に最もよく似た、時に鋭意の偉丈夫であっただろう事だ。彼は父の遺言を武士道として守り、果たす為に、善場家を止む無く犠牲にしたのであると想像致したい。伊藤氏もそれを武士の道から出る壮美と受け、子息の善次氏を預かったに相違あるまい。斯くして歴史は慎ましく閉じられたのである。それを再び紐解く時、我々は深い感動を頻りとし、労りの念を禁じ得ないのである。

九馬造氏の奥様の御実家は矢那の平野家であられる。お父上の名は重吉氏、母上様は日本一の美女と、見るものを魅了したとされる方で、その子女のすべての皆様が美男美女と聞く。九馬造氏の奥様はその長女であられるが、その末の妹様の嫁ぎ先は次章に述べる様に大変な名門、戦国期に大坪城主であった齋藤三左衛門家であられる。

矢那地区に於いて、その原型を良く留める「鍛治屋敷」に就いての史実を手繰れば、恐らくは従来世に名高く伝えられてる伝承、すなわち「鎌倉の大仏様は大野五郎右衛門が作った」という西上総の史上のそれを覆し、実は鎌倉期の鍛冶の元締は齋藤家であるから、大野家の名を齋藤家に直すべき、という歴史的交換が齎されるかも知れないのである。

その齋藤家に嫁いだ妹様の夫君の叔母様は九馬造氏の奥様とは同年の幼友達であられるが、請西の旧家・石渡家に嫁がれている。このお二人が今日も恐らく、本来、歴史的重大の幻の人名碑、すなわち「善場雄次郎翁　頌徳碑」を確かに見知って居られるのである。

請西の石橋様が言われるには、「私もその石は知っていますよ。I吉さんやM夫さんが知らないなんておかしいですね。他所から来た私が知っているというのに」というものであった。これをお聞きし、思うに、「ははあ、灯台下暗しか。いや、いや、そうではなく、やっぱり、造成の……」……。

袖ケ浦市や木更津市の歴史を探索して行くと、不思議と人や家の連鎖があり、それを拾遺する度毎に驚かされる。明治期、この石橋家に彼の林昌之助忠崇氏が下宿なされていたと言うのもそうであった。

平野重吉氏は、次章に詳しく述べる日蓮宗の満足山成就寺の、檀家総代であられたのだが、その御同役、請西の林勲氏に内戚となった下郡善場家の事を話されたのである。それに対して、請西藩史に精通された林先生は感動されたのであろう。早速に、交遊の旧男爵家の御当代忠昭氏にお知らせになられた。

忠昭氏から九馬造氏に、「林家の家格再興に関して御尽力を賜わった善場雄次郎殿へ」という感謝状を附記され、その御著『おもいでぐさ』を贈呈された歴史的出来事が成った、ということをもう一度書いて翁の事歴を収めたい、と思っていたところへ大変な情報が舞い込んだ。

木更津であった事がそっくり鴨川市でもあった、と推量されるべきものである。「浦瀬局の名を刻した石がある」、というものであった。小生は跳び上がらんばかりに驚いた。既述させて頂いた「佐久間東伝家」の御研究で有名な野里の元区長で郷土史家の、鈴木米郎先生のお話であり、善場様御夫妻のそれと全く同じに、それはもう「見ないで信じる」者の心境であった。

平成十年二月十九日、午後、久方ぶりに先生宅をお訪ねした時の事。

「長狭街道を走って来て、オシッコ・タイムの場所を探してた所だったんですけど、丁度いい場所という事で、大きなお寺の階段が在って、その下がちょっと場所があって車を停めたんです」

「そこに石碑らしいものがあって、何気なしに見たら、『浦瀬局』と書いてあったんです。四人でいったんですが、みんな見てます（そのうちのお一人は先生の弟様で、中学の校長先生であられた）。私は流石だなあ、こんな所にまで影響力があったのか、と思ったもんです」

その折にちょうど来訪されていた同じ野里地区の、先生の奥様の弟様で蘭愛好家同志の御園様が、「そうだよなあ、おめえがあんとき（あの時）そいて（話して）たよなあ」、と思い出した様に相槌を打たれていた。

それが夕刻時でもなければ、居ても立っても居られぬ思いで早速に現地に向かって車を走らせた事であろうが、冬場の事でもあって翌日に出向く事にした。それがその翌朝七時、私は吐血した。夕七時、再度吐血。ナニ、入院歴もあり、慣れた事である。この位の事では決して怯むまい。

だが、二十一日はさすがに休養という事にして全ては二十二日に賭ける事にした。綿密な行動計画を立てた積りで（命を的に、何が綿密なものか、と嗤われそうだが）、妻に運転を命じ、鴨川市の古刹金乗院（こんじょういん　里見氏の安房打入り、領土拡大行動に伴う既存勢力討伐戦に於いて、敗れた東条氏側の将兵を金山城で処刑し、その霊を弔うべく建立されたと伝える）を訪ね、境内の下から上まで必死の思いで探索した。

その大きな階段（これは名刹が多い鴨川市域でも最大のもの）の急さと段数の多さを知れば、その一昨日に二度も吐血した（完全に重態扱いすべき）身の者が為すべき行動でない事ぐらいは、誰にもわかる。が、それが男の真骨頂と心得ている。述懐すれば正に鬼気迫る作業であった。階段は五、六段も登れば息があがってそのまま仰向きたい程の苦しさであった。

だが、非情にもその石造物はその寺のどこにも発見出来なかった。故住職様の未亡人様ならばと当然お尋ねした所、そういうものは全く心当たりが無いと言われてしまった。仕方ない。小生は別にお聞きしたその寺院の本寺に当たる成就院を訪れ、探索する事にした。死に物狂いの探索も虚しく、そこにも無かった。

妻と我が家に帰り、間も無く夜十時、又も吐血。一時気絶。すぐに正気づいた所、妻が泣いていた。「どうした」「貴方が死んじゃうと思ったの」。私は天命を受けてこの家に生まれた。志半ばで死ぬ事は無い。それが摂理である。そう自分に言い聞かせている。その様に妻にも言い、「だからだいじょうぶだ。今夜はもう良いから、明日、午後に入院するから、その時、救急車を呼べば良い」。二十三日午後入院。

主治医の先生によれば、常人男性のハーベイ?は一五〇あるべきところ（良く聞き取れなかった）、私のはたったの五〇であるという事であった。精一杯つっぱった所で、小生のその時の体力は九十、百歳を過ぎた老人のそれである事が身に沁みて感じられた。

平生、六十二キロぐらいあった体重が四十五キロを下回るほどに成っていた。後で症状を分析して見ると、ゾッとするほどに危険な状態であった事が分ったというものだ。排便については病院にも言えないほどの苦労があって、自分で処理したほどである。吐血したものが完全に排泄されず、肛門附近で固まってしまっていたので、それを掻き砕く必要があったのだ。それが開通した時の安堵感というものは、それこそ生き返った様な気持ちであった。こんな経験は二度としたくはないが、これに就いての大技術は習得した積りである。えっ、びろうな話でそんなのてんで自慢にならないですって。いやあ、病院には美人がいますなあ。こう見えても若い時はモテタんだけど、いまはさっぱりですなあ。関係ない？

別嬪の看護婦さんに入院するまでの経過を話した所、こんな患者さんはどこにも居ないと話題になったと聞いたが、大事を成すにはこれで当たり前という意識は今でも全く変わらない。

露伴先生に対比される存在は夏目漱石である。その漱石先生は胃潰瘍によって四十九才で早世されている。その死を迎える際の苦しみは略完全に感覚出来たと言って良いものであった。文学には門外漢の小生も漱石先生の文化論には強く共鳴していたのだが、実はその死因までは知らなかった。もし既知の事であったならば、この様な無茶はしなかったと、これは言える。

入院六十二日で愈々退院。私は早速に鴨川方面への探索活動を再開した。

金乗院さんの階段と鴨川街道を一つ挟んで隣り合う方の御説明からして、一度目と二度目とでは違うという現象があった。初回の時は、「私はこの部落に生まれて育ち、現在に至っています。それに俳句の会にも入って、当然、自分の部落の情景を詠みます。ですから、この近所の一木一草、あった物は殆んど記憶に有るはずですが、そういった石碑は見た覚えはありません」。

請西の或る方のおっしゃられる事とそっくりの言質であられた。そうなると、もとより小生には対抗すべき手段は無い。ご記憶違いである事を期待するのみであるが、これは絶望に近いものがある。現在とは違って、郷村に於ける季節季節の風物というのは毎年同じものを繰り返すのを、小生も自分の部落で経験して来たからである。例えば、邪魔だと思って毎年引き抜いてるススキがあるとして、それは深い根があるのだろう、決まって同じ所に出るものなのである。竹の子は言うに及ばず、餅草も野蒜もホオズキ（酸漿）も同じだ。

それでも同じ方にお訪ねさせて頂く。いつお話の内容が好転するか分からないという淡い期待を持って、当てにはしない積りで仕掛けだけは施して置く。必ず魚がいる釣堀の釣りではないのだから、全くの賭けである。と、それが極めて幸運の変化となって現れた。

「事によりますと、その石はあそこら辺りに片付けられているかもしれませんね」「ど、どこの辺りと言われるんですか」。そこへお客様が見えられた。こちらは招かれざる客であるから早速に退散である。いや、大体の場所は教えて頂いたし、そこへ直行したくてうずうずしていたものだから、ちょうど良い都合とすべきもので、現場へ急行と相成った。所が分からない。他人の庭だ。広い庭、境内である。

まあ、慌てずと、ゆっくり探すに限る。お寺の大奥様に又聞いてみたが、お盆も近づくとあって墓地の草むしりにお忙しそうであるから、お掃除お参り帰りの奥様にお尋ねしてみた。これは聞いてみるものである。思いがけない答えが返って来た。「私はこの村に生まれてこの村の小学校に行ったんです。このお寺でも良く遊びましたが、その石かしら、階段の脇にありましたね。詳しい事ならあの人、〇〇さんが知ってらっしゃるんじゃないかしらね」。大きな情報であった。

勿論、すぐにそのお宅を御訪問させて頂いた。その方の奥様が中から出て来られて仰る事には、一週間ばかり前に体調を悪くなさって入院されたばかりとの事。あーあ、何という運気というものであろうか。臥薪嘗胆とかや、又必ず来ます（実はこの再訪は未だ果たしていない）。幻の様な話が二つも重なってしまうとは、バリアス・モンスターのそれとでも言うのか、いや、益々面白い展開となったというものであり、全く、飽く事の無いものである。

はて、浦瀬局に纏わる石といえば、先ずはその墓石に就いてであるが、これは実に慎ましい物であって観る者を誤解させる程の物であるから、石材加工用の機械類の販売会社を興して以来、石材業者との交誼或いは自ら墓地設計施工などしては、墓石関係の専門家とも自称すべき小生が解説しなければなるまい。

局の墓石は当時としてはごく普通の大きさであり、表面は額縁仕上げと言って、文字を書き込むべく、少し掘り下げて平面を作り、そこに没年月日と戒名を刻している。その戒名は「量寿院光譽栄照信女」というもので、別段驚くほどのものではないのだが、よく吟味させて頂くと、その在りし日の栄光を想起させるものであり、余人には代えがたいものと感得させる。本来ならば「院殿大姉」とすべきところをその様になさり、普通と言うよりかは小ぶりの石を用いてのそれに却って深く言い知れぬ感動を覚えるのである。

更に気付くべきは、裏面の書き込みである。舟形に粗く仕上げたものであるが、そこに「高浦守典母」と刻されている。これは恐らく百人中の九十九人が、「見ても説明出来ない」ところの墓石の作り方なのである。勿論、現代の石屋さんを以ってしてもそこまでは知らない筈だ。すなわち、当時の墓石で、裏面を粗仕上げした時、そこの一隅を四角に掘り下げて文字を入れるという例は、この局の墓石以外には見られないのである。何故にその様になされたかは小生にも分からないのであるが。

何にしても、「この墓石のあり方」には深慮が施され、徳川八代将軍吉宗公の事実上の伴侶として、又その「享保の改革」の裏の立役者・経済学者（太宰春台に師事した才媛であった）として、「最後までその真の精神を全うなされた偉大な姿を偲ばせる」ものと言えよう。「隗より始めよ」というそれである。であるからこの場合、墓石の規模や戒名などを成り上がり者的に観察評価するのは、実に慎まなければならない事であろう。

第四節　万里小路局と河内屋嫡女里鹿

新撰組の名を広く知らしめたのは「池田屋襲撃事件」だとされている。その通りであろう。で、その池田屋の主人・惣兵衛の出身性に就いてであるが、諸説紛々なのだ。ＮＨＫの大河ドラマで放送された事で新撰組ブームがおこり、多くの書籍も発刊されたのだが、小生の知るところのものとは明らかに違うのである。どちらが正しいのだという質問があるのは必然として書いて置きたい。

小生は池田屋の本家に就いて浦瀬局の御実家の高浦新氏から御拝聴した事がある。

「京の池田屋は横田の豪商山崎屋（池田氏）の出店（でだな）ですよ」。

それを聞いては早速に京都府の総合資料室に問い合せて見た。「池田屋さんの出自についてですが」「それがわからないんです」「池田屋さんはその当時はまだ新店ですよ。おかしいですね。それで、その後どうなりました」「京都町奉行所に捕縛されました」。それから後の事態は容易に読めました。「その後は?」「牢死致しました」。当りである。

新撰組ブーム時の著作家の方にもお聴きして見た。「池田屋さんが長州出身で、勤皇の志士たちのシンパというのはどういう資料に基づいて居られるのですか」「新撰組生き残りの永倉新八の『回想記』によってです」。さて、諸賢はどう取られますかな。

小生は永倉の記述は真実を隠してのものだとその先生に申し上げたわけですが、それは、当時に真実を書けば、旧幕側ばかりでなく、新政府側にも大きな打撃があると見られた事から、とした訳です。その時代は多くの事実を隠さねば始末に終えない状況下にあったわけですから。例えば、敵前逃亡の慶喜公を非難するにも我々には決定的の知識が欠けるのです。公自身は宮中で何が起こっていたか、具に知っていたらしいのです。

因みに、横田の「山崎屋・池田氏」は「京の山崎の出身」で、幕府密偵として京の三条大橋に宿屋を新しく構えた「池田屋惣兵衛」は横田の二代目の弟と考えられ、当然に、関西弁も関東弁も喋れるバイリンガルであったとすべきでしょう。小説家の皆様方がその正体を探りあぐねるのも仕方がないと思います。

池田屋の本家山崎屋の墓石群の巨大性は政商の姿を思い浮かばせるに十分なものであります。京に出店を持つぐらいは造作もなかったでありましょう。

記述の通り、横田の豪商河内屋（川名氏）惣左衛門の嫡女・里鹿女は嘗て大奥に万里小路局の侍女として奉公していたのだが、その局が請西の長楽寺に転住したと聞いてはそのお世話に献身する事になった。女性と雖も武家奉公のたしなみを身につけていたのである。

里鹿女は横田と請西の道のりを毎日欠かさず往復した。所がそこに「禁」が出された。里鹿女のそれに対してではなく局のそれに対してであった。新政府は「局の請西滞在はならぬ」と通告したのである。それで、その時には河内屋の女主人と成っていた里鹿女は局の身を引き取り、屋敷の母屋続きに離れ座敷を設けて局の住まいとしたのである。そうして局はその余生を過ごしたのであるが、明治十一年に六十六歳をもって死去した――万里小路局は家定将軍時の大奥筆頭老女ですが、その家定将軍は暗殺されたという噂についての古文書が当時の大奥女中の実家への手紙として、その家に現存していることが新聞報道されています。思えば、局の生涯は大変に劇的のものであったと、改めて深く感じるのですが、私の立場からはこれを小説的に書き上げることが出来ません。勿論、浦瀬局の場合も同じです。ですが、私以外の、すなわち他人様、たとえばシナリオライターとか小説家の皆さんがそうなさることは一向に構わないと思っています。寧ろ、この事実を普く知って頂くためには最後的に演劇化を熱望する者です。早ければ早いほど良いのです。歴史的検証はそれからでも良いのです。何れにしましても私一人でこの歴史を完成できるはずは無いのですから——。

所で、万里小路局に就いての詳細の記録文書が現存し、袖ケ浦市の市立博物館に保管されているという。重大な日本史的の古文書と位置付けるべきだが、その為の調査報告が何年経っても出展者の河内屋・川名家にも何一つ無いという。浦瀬局の実証を試みるべき傍証・大切のそれを放置するのは理解し難いのだが、或いは浦瀬局の存在に就いてその実証を忌避する方々の仕業なのかと按ずる次第である。これは万里小路局の請西移住、更なる横田転住が「わらわも、余生は御局様に倣いたいものじゃ」という事で、大奥で長らく伝わったと思われる「偉大な浦瀬局に肖ってのもの」との推定から、重大な歴史検証に支障を齎すあり方と申さねばならない。

幸い、局の生涯を知るべきものとして、横田稚児宮（往昔は川名家の所有）境内に、局の事績を刻した「石碑」があり、概略は判る。その撰文は先に述べた広部美成の三男精（くわし）になるもので、現在に至っても殆んど損傷は無い。但し、長年人びとの関心も薄れたらしく、荒蕪地にあるが如し、という有様である。悲しいものだ。

その先、川名家は慶応三年に高野山の西門院に絹一万反（金五千匹）を献上している。幕府瓦解を予期しての「保険」というものであっただろうが、その証文は今日にも厳然と保持されている。それをはじめとして、川名家所有の古文書はダンボールにして三十箱という大量さである。そして、その墓地・墓石の巨大さは親類の山崎屋池田氏と双璧のもので見る人をして驚嘆させるものである。

葛田家のものも同じであるが、その墓地は広大な個人墓地として離れている。いや、そうした総ての物が、その特別親類集団以外には、競争すべき存在を極度に少なくし、ただ疎ましく思う方々にとっては忌避、封印の対象となるものであろう、と小生は感得したのです。その様に、それは敬遠や嫌厭というばかりのものではなしに、嫉妬・憎悪というべきものがあるのです。でなければ、とうの昔に間違いなしに学的に歴史化され、大々的に演劇・観光化されていなければならないところの大事象なのです。或る元議員さんは「袖ケ浦市は浦瀬局の問題で真っ二つに割れている」と言われたが、ここに著しく課題化して来た諸象をどの様に扱うべきでありましょうか。

さて最後に改めて申すべきは曲亭馬琴翁の「メッセージ」の事です。これは文学界で二百年にも亘って謎としてきたものです。その責任を其の儘にして置く事は不可であります。その為には今やその責任は移されるべきでありましょう。第一には歴史学界へであります。横田郷善福寺境内の大供養塔には確かに「施主　高浦新平妹」と有る事から類推するに、そこに教育委員会の方々等にとっては、最も矛盾を超えるものが数え得ぬ程に噴出致すでありましょう。それらこそは一日も早い解決を待つばかりのものであります。

「歴史学」も近代科学に列すべきならば、当然、この「家重将軍代行老女・浦瀬局の存在」の様な仮説を真摯に取り上げ、議論を高めるべき事が望まれます。それしか進歩するべき科学としてのそれは無いとすべきでありましょう。大学のあり方共々侮られる所です。

第五節　「島村書簡」

次の（コピー）文面は、平成二十一年三月、勝呂正男先生から小生に御送付・紹介なされたもので、その内容から、在りし日の幸田露伴先生の御一族に就いての姿を偲ぶべき貴重な「歴史的文献」と位置付けさせて頂くべく、御披露させて頂くものである。

２９２－？？？？

袖ヶ浦町永地

勝呂正雄様

千葉縣君津郡袖ヶ浦町谷中九八

島村柔蔵

註　勝呂正男先生の事。

註　島村先生は音楽の先生であられた。今は故人。

1、漸く秋らしくなって参り第二学期も始まり御忙しい事と存じます　過日御来訪の節は結構なる品頂き有り難うございました　その後正近先生の御生前の祖父との交わりを祖父の日誌（明治六年～大正十年まで六十七冊）に依り調べまして別記の通り御知らせ申し上げます　当時私は子供だったのでこれ以上印象記憶がございません　なにとぞ御宥し下さい

さて常代鈴木鉱君の新盆は承知しておりましたが八月十四日は都合出来ず漸く廿四日のうら盆に行って参りました　山口徳昭氏も新盆でしたので両家へ伺い焼香して参りました　お出の節お話なかったと思いますが山口家と私の家とは遠縁ではありますが親戚でして昨年八月廿日に徳昭氏の母親（おえいさん　私より二才年上鈴木鉱君と同年）が亡くなられそのお葬式に○通知がありませんでしたので欠礼しましたので何としても行かねばと漸く思いを遂げて参った訳です　山口家との関係をもうしあげますと

註　永地と谷中は隣接の地。

註　常代は現君津市の地名。

註　山口氏は袖ヶ浦や木更津のあちこちに名家が多い。

祖父貞蔵は大鳥居近藤家から島村家へ養子に来た訳ですがその近藤家から祖父の甥に当る善蔵氏が山口家へ養子に行きその娘がおえいさんでそこへ馬来田から養子故藤吉氏を迎えその子が徳昭氏です　山口善蔵氏は明治三十四年かに千葉師範学校を卒業され教育者として一生を終わった訳です
山口家でお嫁さんの富美子さんと周南中学の話が出て先生のお名前から徳昭氏の長男がお世話になった事そして富美子さんから勝呂先生に呉々も宜しくとの事非常に感謝しておられました

2、○音楽取調所は所長が伊沢修二先生で後に東京音楽学校現東京芸大となる
幸田のぶ子はバイオリンも上手だったでしょうが私の若い頃は音楽学校でピアノ科の教授でした
○佐久間新太郎　横田溝口醤油屋の南側

註　近藤姓は現袖ケ浦市横田に多い。戦国期、横田の近藤氏は同市の蔵波地域に城を構え、里見氏や北条氏の被官として見える。大鳥居は横田の西隣の地域。

註　勝呂正男先生はこの周南中学校長にも五年間就任して居られた。

註　伊沢修二は東京高師校長として、青山師範校長の滝沢菊太郎と共に教育県信州出身の教育者の代表。滝沢は教育界の大御所だった。

県道から一寸はいった処と聞いております
毎夏露伴先生がこの家に来たとの事
「東京の越前堀から船で木更津へ上陸
県道を人力車で横田へバイオリンを持っ
た幸田のぶ子を見かけた」とは長谷川良次
老（若名氏の父）から聞きました
○伊藤房太郎先生　既に御存知の事
でしょうが　永地出身で岩井日新小学校
（永源寺）で明治十二年頃は生徒として御祖父が
教え　後東京の青山か豊島師範を
卒業され東京の小学校に就職されこの
操練会では講師をされたでしょう
伊藤先生は國民新聞社主催のアメリカ
教育視察団（五十名）の一員に選ばれ
佐藤善次郎先生と共に旅行団の世話係だった
（佐藤先生に就いては別記します）
兎に角幸田のぶ子先生の如き有名人がお宅や

註　幸田家の人びと
露伴（成行）電信修技学校　文学博士
　第一回文化勲章受賞者
成友　露伴の弟　東大卒　経済史家
　東京商大、慶大の各教授　文博
のぶ子　東京音楽学校（現芸大）卒
　同校教授　ピアニスト
幸　東京音楽学校（現芸大）卒
　同校教授　バイオリニスト
文　露伴の次女　女子学院卒　随筆家
　小説家　日本芸術院賞受賞

註　伊藤先生は当地方に有名の教育
者。青山師範は現・学芸大学。

註　國民新聞は徳富蘇峰が明治廿三年
に発刊した日刊紙。次第に長州藩
閥の御用新聞と化した。

註　勝呂先生と師範学校同期であられ

拙宅へお出で下さった事は嬉しい事です

3、次に祖父が毎年祭礼には招かれて伺って
おります事は日誌に書かれております

前記十九年八月廿七日もそうですが　廿六年には
お宅と杉山家へ　廿八年八月廿七日には
永地待席上にて

　すだく音の　げにおかしきや　垣の根の
　　虫の月夜に　うかれぬるかな
　垣根越に聞く　八声のにぎはへり
　　けふのお祭り　うれしかるらん

廿九年八月廿七日には
　永地待行　勝呂氏庭を作りたるを見て
　いつの間に　山をも水も　いづこより
　　これのけしきは　うつしおきけれ

三十一年八月廿六日　朝永地真田氏ニ托し勝呂
　氏病気見舞同氏妻女チブス病故ニ

る百目木（横田の東隣）の関正巳先生は小学校で「幸田露伴先生が横田に居た」という事を教わったと話しておられる。偶々、久留里線の車内でお会いして聞いた。

註
待は祭の事。例えば、稲毛祭りをイナゲマチと呼んでいた。

註
戦国期に北条氏・里見氏部将であった勝呂家は江戸期には名主役となったので、今日に至るも、それなりの広大な屋敷地を所有しておられる。

斯ク計ラフナリ

三十三年八月廿七日　晴　九十七度

正近氏へ待行　永地芝居

三十六年九月朔日　午後より永地及野里

待行

（この年から祭礼が九月一日に変わったようです）

（三十七年以後毎年　祭礼に伺って居るようです）

四十二年二月廿五日　正近氏軽い脳溢血にて

倒れ病気見舞

明治四十五年七月中旬？明治天皇御病気の発表あり祭礼鳴物一切禁止との事で谷中はお祭りは中止された事を覚えている

4、続いて七月三十一日明治天皇崩御明治は大正と改元され九月十三日が御大葬（乃木大将御夫婦自殺）　しかし永地はお祭りをしたらしく祖父は伺っている

註　野里には真里谷城主（元上総守護職家）の武田信高の次男・左京久清が土着。

―身分を隠す為に母方の佐久間姓を名乗ったが、墓石群の壮観さは西上総地方随一と言って良い程のものがある。観光名所とすべきか。同地区出身の故吉堀市長（吉田氏一族）は佐久間家を旧主扱いされ、同家の「過去帳」を忠臣的に整備されている―

尚大正となってもお祭には欠かさず伺っておるよう
ですが　私が木更津中学校へ入学（大正五年）して
からは長須賀に一軒借りて炊事万端面倒
を見てくれた　九月一日は第二学期の初りであり
ますので伺えなかったでありましょう（当時の同居者は
上泉平戸清海氏（地曳）後には故駒徳治氏（駒
病院長）浪久英寿氏（旧姓保美）その他数氏の
面倒見てくれた）そして大正十年二月廿一日脳溢
血で倒れたが　その後小康を得て二年後の大正
十二年四月十二日死亡しましたが　終生正近先生
とは親しく交わりを続けたようでした
尚十一年二月に倒れた際には三月十一日に
正近先生が御見舞下さったと書いて
あります　御承知の通り脳溢血は半
身不随（右）で言語障碍ですので
意識はありましたものの書く事は出
来ませんので日誌はこの日で一時終り三月

になって漸く筆を持つようになりました
がそれもやっと数文字然も子供のよう
な片仮名で大きく数文字が一日分正近先
生の御出でになられた十一日には可成り上手
に書いてあり　日に日に回復三月下旬には
非常に上手に記録されてあります

5、二月廿二日から私の卒業試験だったので
医師や看護婦は勿論親族は詰め
かけ狭い借家がてんわやんや試験勉強
どころか毎日めちゃめちゃだったと記憶して
おります
正近先生は大正の初め数年間岩井の
国勝神社の神官を務められ神官姿
で祝詞をあげておられました（お祭りの日）
大正三年天皇の御大葬の際は氏子
総代相集り神社で祝典あり正近先生

註　旧制中学の卒業というのは厳しく、
落第中退というのが非常に多かっ
たとされる。

を中心に記念撮影され私方にはこの写
真がありますが多分お宅にも保存され
てお有りと思います
谷中の祭礼（国勝神社は昔から今も同じ七月廿四日
で正近先生は毎年お出下さったと思います
祖父は敬神崇祖の念厚く国勝神社の氏子総代で
あったので祭礼の日は紋付羽織袴で神社参拝神輿に
附添って蔵波の海に行き帰って来て神輿をお宮へ
納めて帰宅すれば夕方だったと思います　従って
正近先生は廿五日にお出になられたでしょう
正近先生のお姿は勿論和服でいつもお顔は上向き
で対談され非常に大声でした　近所の子供は先生
の大声を聞き喧嘩と思って集まって来た事を覚えて
おります　話題は何かわかりませんが　静かになった時は
和歌を作って居られたようでした
以上明治末期から大正四、五年頃までの記憶です
　　祖父貞蔵の日誌より

勝呂正近先生に関する記事

明治十九年九月六日　晴　登校・・・前略
　永地勝呂伊藤来会それより三人共に
　操練伝集会ニ行ク
七日　晴　操聯伝集会卒ル（此伝集会中ニ
　唱歌ヲモ伝習ス）午后太一楼ニ宴会ヲ
　開キ伊藤房太郎氏長日伝教ノ労ヲ
　謝す。しかるニ横田村佐久間新太郎ノ親戚
　東京人音楽取調書女教師幸田のぶ
　子なるもの暑ヲ新太郎ノ許ニ避ク因ッテ宴
　席ニ聯シ伝習ノ唱歌ヲ「バヨリン」ニ調ス
　房太郎氏伝習のぶ子ノ来会実ニ好機会
　ナリキ此会伊藤氏ノ伝教三聯区ノ操聯唱
　歌ノ嚆矢ナリ
八日　晴　残暑強シ　勝呂正近氏幸田のぶ子を
　聘シ余招カル晩　余モ又のぶ子ヲ聘シ唱歌会
　ヲ開ク

註　この文章はカタカナとひらがながちゃんぽんになっています。日誌の原文のままかどうかは不詳。

註　木更津地方のケーブルテレビ取材フィルムには幸田露伴先生が横田の佐久間家に長逗留された事が物語られている。

十日　晴后風雨　房太郎氏帰校立寄　勝呂氏来ル
○操聯会とは体操講習会と思う
○太一楼は横田の料理屋だそうです
○幸田のぶ子　露伴先生の妹で
姉は幸田幸（安藤家に嫁し
兄弟共東京音楽学校教授
幸田のぶ子はピアニストとして有名
安藤幸はバイオリニストで有名

註　のぶ子は露伴の妹で、幸も妹になるので島村先生の勘違いであられた。

註　「滝廉太郎はのぶ子の弟子」、と勝呂正男先生に教えて頂いた。

以上の内容である。

さて、戦国末期以来、西上総の名族と化した勝呂氏の武蔵国での本貫地に就き、小生はその地に戦国期より同族・小島豊後家（越後上杉氏の家臣）の共生所在が認められるという聊かの縁を持ち、若年より資料を読み漁ったものである。勝呂氏旧跡は現在の埼玉県坂戸市に歴史的に存在し、御一族の方々の名前二十人近くがその地の人物として記録されている。最初は源頼朝卿（正二位大納言）の時であった。

文治三年（１１８７）、**現・坂戸市大字塚越に鎮座する「大宮住吉神社**（古くは「勝呂大宮」と称した）」**が卿によって「北武蔵十二郡の総社」に指定されての社領の寄進があり、当社の**

神主勝呂氏がその「触れ頭」に任じられている、というものである。ただ、その神主の名は伝わっておらない。

その次に現れるのは、建保元年（1213）、勝呂氏初代とされる（須黒）兵衛尉家恒のその子恒高が現坂戸市の石井にある勝呂（白山）神社の社殿を再建したという謂れによってである。

その次は承久三年（1221）の乱時の「宇治橋合戦」で、須黒右馬允なる者が上皇方の僧兵を相手に奮戦したというもので、これは『古活字本承久記下』に載っているという。『吾妻鏡』承久三年六月十四日の条にも、須久留兵衛次郎、須黒兵衛太郎の名が有り、次郎は恒高の弟直家であるという説とその弟家時とする説があるという。

下って弘長二年（1262）、恒高孫の行直が比企郡の慈光寺に板碑を建立している。この板碑建立の趣旨は、その「偈」からすると、彼の非業の死を遂げた畠山重忠（坂東平氏の棟梁的存在）の供養の為とされる。後述するが、重忠は武家ながらも文的素養高く、小生の先祖・公家藤原遠元の娘を娶って「鎌倉御家人中第一の人望」を集め、頼朝卿が継嗣頼家の後事を託していたと伝わる。頼家も又実に武術を能くしたと云う。多く誤伝がある。

南北朝の乱時の初め、勝呂一族は新田氏に味方したのであるが、次第に優勢な足利方に鞍替えを試み、果たした様で、後の戦国期にも存続した事が史料によって確かめられる。但し、存在したとは雖もその勢力は極めて縮小し、小田原北条氏の覇権確立期には微々たる存在と化し、その当主ともう一人の一族の者が「一騎駆け」と云う程度のものであったと推定されている。

この本貫地にすら所領と言えるものが殆んど無かったのである。

室町期の永享元年（１４２９）、鎌倉公方足利持氏が、義詮以来鎌倉御所御檀所となっていた「勝呂大宮」の社殿を再建してその名を「住吉神社」と改め、勅願所とした。

勝呂氏一族が衰退した主因は、その様に、鎌倉公方家との関係が歴史的に深かった事から、永享十二年（１４４０）の乱に際し、一門を挙げて公方家方として殉じた為であった。歴史に政変は付きもので、権力に近ければ近いほどに、次の時代は危ないものなのだ。

鎌倉公方家（初めは足利将軍家の分家が鎌倉幕府の衣鉢を承継すべく、「関東管領」と称されていたが、後に「関東公方」或いは「鎌倉公方」、更には「古河公方」という様に変遷した）**は京の本家すなわち足利将軍家への対抗意識から常に独立的様相を現出し、それが高じて終に討伐を受ける事態となったのである。**

その節、公方家のお目付役の上杉一族（勧修寺藤原氏の一族と自称する。足利氏の歴史的外戚。鎌倉公方家の執事としての関東管領ながら、その任命権は京の将軍家にあり、次第に関東支配の権力を拡大し、その威権は将軍に次ぐものとなった）は京の将軍家に忠誠を誓い、叛乱して結城城に籠城した公方家方の討伐に従事し、これの鎮圧に成功している。

『鎌倉九代後記』に、この所謂「結城合戦」が綴られ、勝呂氏は勝豊後守以下八名が討伐軍副将の扇谷上杉家当主持朝（１４１６〜６７　修理大夫、相模守護）によって誅されたのである。

持朝は勢力の拡大を図り、事実上、関東管領の如くとなり、１４４７年に京の将軍家より公方家再興を許された成氏（1438～97　持氏の遺児）のあからさまな復讐行動に対抗すべく、家宰の太田道真・道灌親子を用いて岩槻城、川越城、江戸城の三城を築き、これによって後に「道灌の卓絶した器量による関東の平和が齎された」のだが、結果的には関東を上杉家側と公方家側とに二大分裂させる状勢を招いてしまった、と言えよう。

勝呂氏一族は鎌倉公方家のその異常な立場（歴史的成り立ちからすれば、関東統治は公方家が一元的に致すべきところを、京の将軍家が関東の直接支配を目論む様になり、それに対して、鎌倉公方家は将軍位を狙うという危険な構図が早々に見えていた）から現出された「公方家による関東の戦乱時代」による犠牲を、関係が深かっただけに、諸に蒙ったと言えるであろう。

勝呂氏衰微の状況下の永禄年間、「関東に戦国時代を齎した小田原北条氏」による房総里見氏の居城・久留里城攻めが行なわれ、勝呂氏もそれに参陣し、功を挙げたと思われる。

この久留里攻略により、北条氏の所有に帰した久留里城の守城体制がそこに構成された筈である。そして、その駐留軍主将に常陸の豪族小田小太郎が任じられた事は、里見氏の研究家として知られる千野原靖方氏の名著『戦国大名里見氏』に記述されている通りであろう。小田氏は北条氏が攻め取った久留里城の「城代家老」という位置付けである。

さて、その時期の久留里城をめぐる稗史を以て「勝真勝」なる武将の話が、後世、長らく西上総地方に語られる事になった。奇妙にも真勝は小田小太郎以上の遥かに有名の存在なのだ。否、巷間、小田小太郎の名など誰も知らないし、何処にも伝わらない。

所が面白い事に、今日に於いても、勝真勝なる者は「城主であった」とか、いや「二番目に偉かった」という様に二分伝承となっているのである。それにも拘らず、そこに「そんだらば一番えれかったのはだっ（誰）だかいョ」「おっさョ」、という風に疑問が呈された事などあったためしが無い。

これに就いては、どの歴史書も中途半端に終えてしまった感がある。然しながら、それだけに、「傍目八目」「鳶に油揚げ」「漁夫の利」、そんな状況が垣間見えて来る。学者は窮屈なもので、素人の様には書けない。となれば、ここはひょっとして歴史学の専門家ならずと、素人の愛好家だって要領次第だ。変に格式ばったものを持たないだけに自由な組み立てが適うべきである。文学的才覚を要する程のものではないであろう。いや、文士の働き所とすべきか。

「科挙」に合格するには意識的に「小学すなわち暗記」を不断に重ねる必要があるが、「好きこそものの上手なれ」は無自覚による習得であり、時に学的群を凌いで快挙（ここは誰かが単独に為すものではなく、同好意識の集合によって種々に成る）を齎すものである事を知るべきだ。

この章の始めに転載した『平川町史』の「豪族葛田氏家系」を、述べてる坂戸市の勝呂氏に就いての遺象に照合して欲しい。いや、その前に、天保元年、江戸幕府によって編纂された『新編武蔵風土記稿』に収録された伝承「塚越村の神職勝雅楽が物語に、豊前守は永禄の頃此所に住し、小田原北条に属せしが、北条家没落のあと、上総国久留里へ行き里見氏に仕う、その後里見家も廃家となりしかば、やがて浪人して幾程なく卒すとなり……」を、千野原氏の御記述内容を基準に、西上総の諸々の「軍記物」や口碑と対照考察して欲しい。

先ず気付くべきは、「軍記物」が、悉く、「勝真勝」の出自を「上総武田氏の血筋」であると執拗に言及している事である。「そこに或る権力者の意図が確実に働いている」と想定した時、総ての謎が解けるのではあるまいか、と、これが歴史愛好家の正直な直感なのである。

或る有力者とは誰か、既にお気付きであろう。そこに勝呂豊前守が小田原北条氏に属して久留里に赴いたという肝心要の当初性が隠されている。だが、真実は消えない。坂戸市の嘗ての豪族・勝呂氏一族の通字である「恒・直・正」が袖ケ浦市の葛田氏や勝呂氏のそれとしても見えるのが、何よりのそれであろう。

坂戸市塚越の小島豊後守家は、小生の家と同じく、「オジマ」と呼称するのが本来であるとは現代の当主（近年、卒去）の説明である。この家が塚越の名刹「西光寺の開基」の家柄である事は夙に知られている。その案内によって小島家の墓石の一つを拝見し、初めて解読させて頂いたものが有る。その大きな石塔に「藤原盈定」とあったのだ。これも小生の所属と同じのものである。

戦国末期、関東管領の上杉憲政はその家督を家臣の長尾景虎に譲り、隠居した。上杉の旧臣小島豊後守が塚越に土着したのは、勝呂氏の上総への移転による敵対関係解消によるに相違あるまい。永地勝呂氏、横田葛田氏、坂戸小島氏に共通するのは、豊臣期・徳川前期の戒名に院殿号が諡されている事だ。

以上は坂戸市の大図先生の御指導下で、勝呂正男先生との共同調査に基づくものである。

第二章　上総国望陀郡菅生庄矢那郷の異論

第一節　三左衛門屋敷の移動

「鎌倉大仏」の鋳造因由に就いては不明とされているが、これに就き、遠元一族の関与が少なからずあったと思われる。

大仏建立の主意は、北条得宗家とその歴史的外戚安達氏の連携による三浦氏討伐の成就で、永の安寧を確認するに基づくものであっただろう。そこに北条氏と遠元一族（この頃は分流の安達氏が宗家を凌いでいた）の姻戚関係性が色濃く窺えるという事である。その特質に就いて幾つか挙げて見る。

第一、その所在地は遠元の女婿北条時房邸の隣地（恐らくは分地であろう）にある。

第二、その主たる材料の「銅」、「金」は夫々出羽国、陸奥国からも調達されたか知れない。後世、鉱山学部を持つ大学は、東洋でも、国立秋田大学のみである如く、東北地方は鉱物資源に恵まれた所であるからだ。その出羽国の実質的の支配者は出羽介であり、これが**秋田城介**（古代に於いては東北経略の為の大和朝廷の一大拠点の重大武官であり、鎌倉期に於いても名誉ある顕官とされた）を兼任していたのであるが、これに累代任じられたのが安達盛長一族であった。その正系第四代の泰盛は、一時、陸奥守をも兼帯し、人々はその権勢振りに驚嘆したと云う。（猶、鎌倉初期に陸奥総奉行職に任じられたのは遠元の母方従姉弟の葛西清重であった。葛西氏は奥州の歴史的名門存在と謳われたのである）。

第三、技術者の鋳物師・鍛冶師は上総のそれと考えられるが、当時の「上総介」は出羽国大曽根荘司であった盛長次男・大曽根時長が任じられていたと想定される。上国上総国にあって、介は事実上の正任の国司であり、勿論、公家身分の筈だ。これからすれば安達氏の本宗家扱いであったか。

三浦氏一族の惣領家である侍所別当の和田義盛が、この上総介の地位を生涯の望みとして願った所、頼朝未亡人で尼将軍とされた北条政子は、「上総介は公家でなければ成れない」、としてその望みを砕いたと云われ、それが義盛の謀反の原因の一つと考えられている。

他地方では、多くは武家身分の「守護」が置かれていたのに対し、親王任国（親王は太守と呼称され、任国には赴かなかった）の上国上総は特別の性質を持っていたのである。これからしても、遠元一族の幕府内外での家柄性が窺えるのであるが、上総国の鋳物師たちは、当然、大曽根氏の下知に従った筈である。

歴史的にはその大曽根氏の上総介叙任は四代に亘るもので、上総史上に前例が無いものであったが、従来、この卓絶の在り方が全く無視されているが如しである。それでも歴史は正しく成り立って来たと言うのか。武家中心史観の房総に於いては、後述する藤原親政のそれに見る如く、公家の存在は歴史構成上邪魔であったに違いあるまい。猶、北条時房家はその由縁を以って大仏氏と称している。

さて、巻頭の写真は木更津市大字矢那小字駒原台の中の馬洗場（まあせんば）という所にある栗林で、通称、「鍛治屋敷」と呼ばれている。地元では齋藤三左衛門家の古屋敷と伝承され、現状は約一町歩であるが、古くはそれを遥かに超える広大なものであったとされる。

次の書付は矢那の旧家・影山家の古文書箱から出てきた物で、この地方に於ける江戸時代最大の事件を物語るものとして、歴史的の資料である。影山家老当主は、少年時、「矢那地区の者は大仏拝観料が無料であった」と話しておられた。鎌倉大仏建立の基礎的人脈はここから探るべきであったか。

本名主（齋藤氏）三左衛門というのは本来の名主という意味かと思われる。三左衛門家は戦国の大坪城主と伝えられ、今日にあっても木更津地方最高の家柄と自他共に称すべき存在であるが、往昔は鍛冶師の棟梁として西上総地方に重きをなしたそれであっただろう。

文面の古屋敷地は三左衛門の同族・三郎兵衛家に所有権が移転したが、後世にも「鍛治屋敷」として伝わり、「古来からの鍛治屋敷の転用は不可という掟」に従って、元からの「原型」が出来るだけ維持されてきたものと思われる。

乍恐以書付奉願上候事

（恐れながら　書付を以って願い上げ奉りそうろう事）

一　私儀近年極不如意ニ付年々田畑山御年貢米永大未進
（私儀　近年極めて不如意につき　田畑山お年貢　永代未進）
一　仕候ニ付不届ニ思召当正月田畑山不残名主役共御取上ヶ
（仕り候に付き　不届きに思し召され　当正月　田畑山残らず名主役ともお取り上げ）
被遊候段不調法至極仕候事
（遊ばされそうろう段　不調法至極仕りそうろう事）
一　米御年貢之儀卯年迠年々滞候分米拾四俵ハ
（米お年貢の儀　卯年まで年々滞りそうろう分　米一四俵は）
鈴木伊賀守様より母妻子に被下置候扶持方米ヲ以当
（鈴木伊賀守様より母妻子に下し置かれそうろう扶持方米を以って　当）
九月中旬ニ不残上納仕候事
（九月中旬に残らず上納仕りそうろう事）
一　田畑御年貢金十八両与銀四拾匁五分　卯年迠年々相滞候
（田畑お年貢金十八両と銀四十匁五分　卯年まで年々相滞利そうろう）
内金五両此度上納仕候是ハ親類共相談ヲ以四壁等払
（内金五両このたび上納仕りそうろう　これは親類とも相談を以って四壁など払い）
上納仕候事

（上納仕りそうろう事）

一　残金拾三両余御座候此金子之儀六年賦ニ奉願候左候ハバ

（残金十三両余り御座そうろう　この金子の儀は六年賦に願い奉りそうろう　左そうらはば）

明年より年々急度上納可仕候事

（明年より年々きっと上納仕るべくそうろう事）

右之通年賦願被仰付御取上田畑山御返し可被下候私義代々之者ニ而

（右の通り年賦願い仰せ付けられ　お取り上げ田畑山お返し下さるべくそうろう　私義代々の者にて）

大殿様より弐十七年以来親三左衛門名主役相勤罷在候間御

（大殿様より二十七年　親三左衛門名主役相勤め罷り在りそうろう間　ご）

慈悲にて前々之通リ御百姓相勤候様奉願候委細之義者御尋

（慈悲にて前々の通りお百姓相勤めそうろうよう願い奉りそうろう　委細の義はお尋）

之上組頭両人口上に可申上候以上

（の上　組頭両人口上に申し上ぐべくそうろう　以上）

上総国望陀郡矢那村

本名主

享保九辰年十一月　願人

三左衛門　印

河野久太輔殿

田丸兵橘殿
小山恒右衛門殿　御役所

文中、「四壁など払い」とあるが、これによって名主役など果すべき機能を失った屋敷を、後日、破棄して現在の地に引き移った事が偲ばれる。そして、旧地は初めに書いた様に「鍛冶屋敷」として名残を留めたという次第であろう。だが、この屋敷の放棄は恐らくは日本史の一部重大のそれに繋がって居る様に思える。確かに言えるのは、矢那郷地誌の全体像を略喪失せしめたという事だ。

さて、齋藤氏が「鍛冶屋敷」と呼称されるその元屋敷から現在地に転居した時期は享保九年以後と思われるが、その折、その地にあった高野氏一族の屋敷群は現在居住地の下村と呼ばれる地に移動を命ぜられた、との口承が今日にもある。

木更津市教育委員会は齋藤氏の屋敷移動や鍛冶師説を全く把握していませんでしたが、この文書発見時点の十年も前に、小生は既に様々に報告済みであります。公的処理が全く見られないのは、小生がアマチュアの立場であるとしか見られて居らないからでありましょう。

加えて、鎌倉市の方々に提言があります。鎌倉史は『公家藤原遠元の真の史的像』を知らずしては絶対に不可でありますから、従来史は必ず覆るべきです。「世界遺産登録」以前の事とすべきでありましょう。

付言すべきは、当初的には日蓮宗は「鍛治の宗教」と云われた事で、矢那齋藤氏のその在り方はこの拙論が逸脱したそれでない事を証しているかに見える。木更津地方最強の武将であったと思われる齋藤氏の出自が藤原姓の大鍛治であり、乱世に在ってはその経済力によって上級の武家層に成長すべき時、元の出自は変異する過程にあったとすべきなのだ。

藤原魚名流にも齋藤利仁将軍などがあるが、系譜については不確かとすべきものであった。

それで、齋藤氏の系譜が「娘婿になる新興の大野氏に譲渡された」という推考が斯く齎されるのである。日本芸術史を再考察する上でも、一大思料である事は間違いないであろう。

この村には帰化人の最も大切とした形態物「四寸の小仏」の多い事から、斎藤姓は帰化人の建立した古代寺院に於ける指導者すなわち、斎に当たる「斎当」の転化と言えようか。これは在日の作家であられた故・金達寿先生の御説に依拠したものである。

この矢那地区には坂東三十三番に位置する「名利・高蔵寺」が鎮座するけれども、帰化人の人脈につながるものが実に多いように思われる。今、東アジアは民族の鼎立がのっぴきならないものとしてあるが、時にはそれを遥かに越える精神性を覚え、共なる再方向性を見つけなければなるまい。

第二節　戦国期の菅生庄矢那郷の所属

この地にあっては、古来、「大野五郎右衛門家が鎌倉大仏を鋳た」とするあまりに有名な伝承が有る。又、大野文書によれば、大野家が室町期に鎌倉公方から「関東鋳物師の長」とされたことが分かる。所が、木更津市教育委員会による学術調査に於いては、大野家が鎌倉期にこの地にあったという形跡は無いという事であるから、諸事象に改めての時系列的考察が求められるであろう。この場合に重大な事は前節に触れた如く、戦国末期、齋藤家から大野家に嫁入りがなされている事である。

それによって生誕なされたのが東金本漸寺第六世として偉大な存在であった自然院日信聖人であったが、その明らかな事実が何時からか誤伝となり、聖人の生家は齋藤家となっていたので、小生はそれを修正させて頂いた。

齋藤家は戦国大名の里見氏に仕えて大坪城主とも家老とも伝えられ、木更津地方屈指の名門たるはこの地方で異論の無いほどの存在であるが、詳細にその歴史を探ろうとする時、それらの伝承は概ね「事実」を伝えているると言えるであろう。城主と家老との大きな差異も、戦国期の乱脈の中で実際に現出されたものとすべきで、決して矛盾すべきそれではない。

齊藤家史の調査無くして「鎌倉大仏の鋳造者」という伝承やら、「関東鋳物師の長」という

古文書の通りの史実など、大野家に纏わる多くの謎・細部を解く事は出来ない。すなわち、天下の名作「鎌倉の大仏さま」の作者名を探索する事は不可としなければならないのだ。

菅生庄すなわち木更津地方の矢那郷の要害地に築かれた大坪城は、歴史的には、先ず初めに鎌倉期の幕府執権北条氏のその身内人となった和田氏の後裔が、鎌倉期或いは戦国期に入っての事かは分からないが、築城したと伝わる通りではないかと思われる。その氏が没落した後、経済的に富裕の齋藤氏が和田氏の旧城近くに新城を築き、上総武田氏や安房里見氏の被官となり、終には土気酒井氏家臣としての大坪城衆となったと思われるのである。

その最終の地位については、酒井氏の重臣・須田左近将監於重が城主代理たる城代家老であったであろうから、その下の「次席家老」ではなかったかと思われるのである。それに就き、滑稽部分も含むところの「公書」や「大書」の記述がある。『木更津市史』の一部である「鎌足村史」や『日本城郭大系』、更には『東金史話』であるが、先ずは「鎌足村史」から紹介する。

「鎌足村矢那に一旧家がある。駒原台の齋藤家で、其家系図によると、北条貞時の臣下に和田内蔵之助時尚なるものがあって、延慶三年（皇紀一九七〇　西紀一三一〇）家の地域内に、五〇坪許りの八幡神社を創建したと云ふ。時尚より十二代を経て元亀三年（註、これも皇紀一九七〇としている。西紀一五七二）に和田を改めて齋藤と改称した。すなわち里見氏の系譜中刑部小輔美実公が安房国主の始祖であって、其臣下に齋藤豊前守重吉がある。之が齋藤家の始めである。天文一〇年（皇紀二二〇一　西紀一五四一）里見義尭の時齋藤重信が大坪城主として取り立てられたのである。この大坪城跡が現在矢那字大坪（亀甲山）に其痕跡を留めているが余りに明瞭でない。……」。何が明瞭でないのかちっとも解からないのであるが、これは書上げた先生が格別に高等なる算術とやらを、幼稚園で、或いは尋常小学校でアインシュタイン先生に習った所為なのか、はたまた旧家文書がそうなっているからなのか、小生からすれば更にてんで解らないのである。ま、それは良いとして、問題は見ての通りに、大坪城が土気酒井氏或いは小田原北条氏の所有であった事が少しも触れておられない、という点にあるというものだ。

次に『日本城郭大系』を引用する。

「大坪城は、矢那（千葉県木更津）方面から木更津の市街地を抜けて、東京湾へ注いでいる矢那川が開析した河岸段丘を臨む丘陵上にある。東西へ走る丘陵の西端にある字大坪の旧大坪城址と、亀子山といわれている独立丘陵に築かれた字大坪前の新大坪城址に分けられる。旧城址は、鎌倉幕府の初代侍所別当となった和田義盛の一族が鎌倉時代に築いたとされている。齋藤氏は、和田氏の家臣であったが、和田合戦（一二一三）による主家の断絶後、時節を経て、やがて里見氏の臣下となり、第三代目の齋藤豊前守重信が、里見義堯の命令で築いたのが新城址である。之は天文七年（一五三八）の北条氏綱と小弓御所足利義明・里見義堯とが争った第一次国府台合戦に里見氏が敗れたので、義堯が後北条氏に対する備えとして築城させたものである。つまり、築城の時期は、この合戦から数年後と思われる。旧城址は、東側の尾根伝いに対する防備のため堀切が築かれ、新城址は、天然の要害にあり、旧城址との中間にもやはり堀切が築かれている」

はて、何だか小生の頭が悪いのか、これも直ぐには理解出来ないものだ。和田合戦の時に仕えていたのが斉藤家の御先祖さんだとさせて頂くとして、其の三代目の方が里見さんに仕えたという風に受け取って良いのであろうか。この文面からはそれとしか解釈しようが無いのである。として、計算してみるしかない。

三代目の方の活躍されたのを、一五三八年の数年後という事で、仮に一五四〇年頃としてみる。主家の和田殿の没落が一二一二年だから、三二八年後の事という訳である。三代目？。何度計算しても同じ結果になる。ま、これも長生きの御血統という事にして置きましょう。それより、この書にも土気酒井氏などの事は出て来ない。

『東金史話』はどうか。この中に、土気と東金の両酒井氏の外交の決算として、次の様に述べられている。記事は大正十三年陸軍中佐にて退役された根村正位氏の遺稿として掲載されたものである。

「戦国時代群雄抗争の軍事的行動には、他面に於て外交的工作が重なる要素をなして居た。然るに土気、東金両酒井に関する旧来の伝記的書類によれば、永禄六年国府台役以前にありては純然たる里見方なりしが、同役後に於て北条氏に降伏せしものとされたり。明治以後の出版にかかる『上総町村誌』『千葉県誌』等の如きも又皆これ等の所説を襲用記述せるものなり。然るに近年に至り「河田文書」の如き新資料の世に現はれたるため大に従来の所説と全然反対に寧ろ国府台役以前に於て北条方なりしも、返って同役後に於て里見方となせり。而して其根拠とも言ふべき原拠は前記の河田文書、永禄八年酒井胤治が土気城中より、上杉謙信の外交文書掛河田豊前守に送りし書状中に、次の如き注意すべき一節あるに基づく、……」として、酒井中務丞胤治が謙信の家臣河田氏に対し、従来、北条氏康、氏政に忠信を示して来たにも拘らず、国府台合戦に於いては不忠実なるものと見込まれ、憤懣に堪えず、眼前の興亡など考える事無く、断然里見方となった、という内容を紹介し、すなわち、従来の所説と全然反対の新説が生じている事を述べられた後、根村氏は「余は両酒井に関して筆を執りつつ此に至りし時は実は新旧何れに随ふべきかに迷った。……大野氏（『房総里見氏の研究』の御著で知られる里見氏研究の第一人者であられた）の所説に『……この地方の大領主（千葉、高城、原、土気、東金の両酒井、長南真里谷の両武田等）は里見軍が来れば里見軍に、北条軍が来れば北条軍に属した云々』とあるは恐らくは其実相であった。……小国の外交も容易ならぬ苦心を要する。

永禄六年には北条氏政より酒井胤治へ与えられたる次の文書が『房総里見氏の研究』に掲げられてある。

須合庄進之候。其二可被相稼事可為肝要者也。如件。

永禄六年八月廿九日

氏政㊞

これを見れば酒井氏は全く北条氏の臣属である。すなわち知行を与えられた辞令である。然るにこれは確かに眉に唾をつけて見る必要がある。須合庄とは上総のうち何れの地方なるか不明であるが、須合は菅生の事とすれば、今の木更津東方の地域で当時は真里谷武田の所領で純然たる里見氏の勢力地帯であった。……」

以上の様に、千葉県の郷土史家の皆さんにとって、菅生庄を土気酒井氏の領有と認識するのは埒外の事であった。

根村氏は久留里の出身であられるから、当然に木更津地方であるところの菅生庄の事を知られぬ筈は断じて無いのである。その氏からしてがお気付きになられなかったという事が「問題」であったとしなければなるまい。尤も、木更津地方にも郷土史研究家、否、公的の研究機関が必ず設置されていた筈であり、それによる当然の組織的調査に於いて、菅生庄の所属を示す遺物は容易に発見出来ていなければならない所であった。それを怠っているうちに、熱心な郷土史家の方にそれを先に見つけ出された、という事実が有るのである。こういう事は何も木更津市に限っての問題ではない。

さて、重大な遺物を発見されたのは林義雄氏である。そこに年齢的の行き違いがあったのかも知れない。いや、根村先生が昭和四十五年八月十日に発表された「矢那大坪城址を探る」の著者林義雄先生にお会いする機会が、無かったものかと思うに、根村先生は既に、昭和二十八年一月五日、七十八才にて他界されていたのである。

時宜というものが介在しなかったのであるな、と慨嘆するのである。やはり、幸運とはそれが滅多に無いから言われるのであろう、とつくづく思うべきところである。

木更津市立図書館に蔵されている林義雄先生のその御論文内容の中で、最も歴史的注意を喚起すべき所を紹介させて頂く。

「矢那大坪城の東にある諏訪明神の天正十一年（1583）七月二十七日付きの棟札に大檀那須田左近於重、裏面に齋藤豊前守……」

『東金史話』で北条氏政から須合庄を与えられてから丁度二十年目の事であるが、ここに須田氏の名がこの地方の最高位の存在として書き込まれている。これが至極に重大なのである。いや、林先生もここでは、まさかそれが土気酒井氏の重臣であるなどとは全く気付いてはおられず、大坪城主と伝えられた齋藤氏の事にしか神経を集中しておられなかったであろう。これは誰が発見されていたにしても同じであろう。

但し、須田氏というのもこの地方の確かなる名家として存在し、後に木更津市長を出すほどであるから、その一族であったろうか、という様な思いを巡らされたに相違ない。これは土地の方々ならば誰だって想像が付く。だが、それだけというものであり、であれば、深淵の事情がこの氏に有ったなどという事は全く想像する事自体、無理の事の様に思える。

須田氏は不死鳥の如くであるが、まさか酒井氏の「陰将」としてあったのでは、と勘繰るべき程の不思議の役割を演じているなどと言えば、その訳を知るに、更に及びも付かぬものであろう。対して、林先生の論文に先行する事十一年の『東金史話』で、須田氏に就いての格別の印象を抱いた方は、林先生の報告を聞いてぎょっとされるであろう。それ程に須田氏の矢那での役割というのは不可解な事象なのだ。

『東金史話』での須田氏というのは、こうである。

「天文二十三年（1554）十月北条氏は里見氏に対して遂に兵力二万五千より成る攻城軍を編成し、北条左衛門尉綱成（北条氏綱の女婿で、猛将として知られた）を主将として出動せしむるに決した。里見義尭は此情勢企画を知ると共に、上総の諸城主に命じて各々精英を簡抜し久留里城の守城に参加せしめた。……土気、東金の両酒井氏も当時の勢力並に多年の情誼に依り、拒むこと能はず之に応じた。即ち守城諸将の氏名中に、東金の酒井　負（ゆげい）とあるは言ふまでもなく敏房（当主）のことである。然れども土気の玄治（当主）の名は見えない。察するに玄治は既に前節の如き北条氏との関係ありしを以て表面は老齢の故を以て入城せず、敏房が両酒井の代表部隊を引具して参加したのであろう。……注意すべきは、守城将校の内に鳴戸の忍垂美作及二宮の須田将監等の氏名があることだ。……須田将監も……而して或は彼が土気酒井氏を代表せし、玄治の代将であったかと思はれる。……然るに須田将監に至りては、守城末期に於て攻者に内応して城に放火せんとする企てをなし、未然に発覚して斬に処せられた。若しも前述の如く彼が土気酒井氏の代将であったとすれば、当時の外交上の脈絡関係より考ふれば、当然ありそうな事であって不思議はない。……」

　以上の様に須田氏は土気酒井氏にあって欠くべからざる役を担った重臣であった事が分かるのである。その役割ゆえに、里見氏の手前、須田氏は姿を消さざるを得なかったのであろう。「陰将」と成ったらしいというのはそういう事である。それが西上総史の中でひょっこりと、然も菅生庄支配の代官役として出現した事に、驚かされるのである。棟札銘の須田左近将監於重というのは、恐らくは、久留里守城戦で犠牲となった将監の子であろう。

「菅生庄・土気酒井氏領説」などというのは、始めは突飛なものとして、誰も注目するに値しないものとしてあるべきだが、実はこれを強力に補助推進すべき公的記述がある。『君津郡誌』のそれである。所が、もとよりこれも安易に見過ごされているものだ、というよりは、知ってはいても、今でもその地域の殆んどの専門職の方々でさえ否定したい記事である。何でそうなのか、病的と思える程の判断採取傾向があるのだ。

『君津郡誌』は、戦国の終焉期、豊臣氏の小田原北条氏征伐の砌、房総半島攻略を命ぜられた徳川軍が上総地方へ攻め入った時、小糸城の守将である齋藤某が逃亡した事を載せている。つまり、小糸城は北条氏の所属であったというものだ。この齋藤氏は実名の在り方が矢那の齋藤氏と全く異なる事から、同族とは考えられない。そこで疑問に思う事がある。矢那齋藤氏は過去も現在も里見氏の有力の家臣と主張している。

それはよいのだが、その他の里見氏家臣団に就いて言及するいかなる公的史料にも「齋藤

氏」なるものは存在して居らないのが実際の所である。判断替えをすべきではなかろうか。矢那郷齋藤家は、須田氏と共に、後北条氏側の土気酒井氏家臣であった、と。

猶、齋藤家由緒書には謎めいた「呪文」が付せられている。眼が潰れるのは誰か。美女か私か。いや、小生は見る通りの醜男。ご安心なされたい。それにしても、へん、家に帰って怒られた。その周辺に変死者が三名？　恐々です。

これは矢那郷齋藤家ばかりの現象ではない。豊臣勢の房総攻略の際の里見氏の野暮な在り方・歴史的の汚点、すなわち小田原北条氏の「本城籠城作戦」に従事すべく房総からの諸将の撤退開始の様相を見、秀吉からの命令すなわち小田原攻城戦への速やかな参陣あるべきを疎かにし、軍事的無防備、空白域となった旧の後北条版図への無血進駐を優先したそれを、改めて想い起こすべきだ。その前に「房相一和」の盟約はどうなっているのか。不誠実が重なっている。

広く上総地方に起こった土豪たち（秀吉からは小屋ごやと蔑称された）の虚偽・まやかしは里見氏に倣ったものであり、元凶の里見氏は、為に、上総領の没収という「仕置き」を豊臣氏から受けている。それでも、後世、その小屋ごやの旧主らは性懲りも無く、「旧城主」などと自称したのであろう。凡そ戦国期に於ける「何々の守」などと言うのは自官である、すなわち勝手な自称なのだ。傍ら公家の立場からは冷ややかに見ていた者も居た筈であろう。

日信聖人の土気東金方面への確かな進出行動に鑑みれば、これは、木更津地方が小田原北条氏の版図であったと想定した方が余程に合理的とすべきではあるまいか。「里見氏中心史観」の大いなる不合理を排除すべく、科学の確立の為の思考力の脆弱性が明らかなる事を自覚し、真に科学的のあり方、すなわち進歩する学問性を導かねばならないのだ。実に遅れているのだが。

今日に至ってもなお伝わるところの伝承にて齋藤氏の地位に二説あるのは、以上の様な、木更津地方の曖昧模糊とした中・近世史があったからである。

就いては成就寺さんと齋藤家に対し、従来の把握を間違いとして改め、日信聖人の御生家は大野家であられる事を納得して頂いている。齋藤家側も同じである。これは、いつかは木更津市にとっても、歴史的な誤謬を正すに重大な端緒となるべきものだ。

いつかは、と言ったが、実には直ちに為るべき事である。これは木更津市史、東金市史、千葉市史、千葉県史の改訂へと進み、終に日本史のそれへと結ぶべきものである。何となれば**小田原北条氏のより正確な版図を得る事は、その戦績や治績を思量するに不可欠のものであり、それが千葉県の新たなあり方、すなわち観光立県に繋がるべき**は言うまでもない。

昨今、鍛冶屋敷地域で新たな造成作業が行われて居る様に見受けられるが、小生はこの様な日本史的の重大な「遺跡」が、歴史に就いて詳しく知らず、又それを知れば或いは却って隠蔽的に逃避しているかに見える個人的の様子などを見るに付け、上総地方は板東平氏の上総氏の鍛冶経営が示す様に、鍛冶とその為の番匠すなわち大工の国なのであったのだから、掛けがえの無い自らの往昔の嗣業（累代職業）を否認すべきであるまいと注視する。

古より、職業に貴賎は無い。例えばこの鍛冶師の存在がそれこそ雄弁に物語っていると申せよう。すなわち、或る地では最上位に位置され、又或る地では下位に置かれる。それは時の変遷の姿に過ぎないものであり、普遍のものとするのはもとより不可なのである。現代日本ではその任に携わるものが芸術的希少・貴重存在として尊ばれているのは万民承知の事である。更に社会階級的に見渡せば、過去に卑しめられた歌舞、金銭の業や製造業に於いて、旧に貴族的存在であった武家の子孫とて従事せざるを得ないし、それが社会的勝者と謳われている場合が多いのである。対して、私ども藤原一族など長らく属した「公家」などというのは、家柄評価では死語というべきものとなっている。

勿論、それらが過ぎればその反動が必然の形を装備して起こるであろう。

第三節　東金本漸寺第六世日信聖人

大野家の家系に就いては、明治期に、宮内省に出仕した後に君津郡長などを歴任した大野道一翁が、自伝に、鎮守府将軍大野東人（あずまんど　?～742　飛鳥朝廷の糺職大夫であった果安の子　719従五位下、25征夷の功により従四位下。陸奥鎮守府将軍を経て、37陸奥按察使、39参議、40藤原広嗣の乱を鎮定、41従二位）の後裔と記されて居られる様に、古代から続くところの氏族とすべきところが、別の大野家記録冊子ではその第一世を大野筑前守藤原光照とし、第二世を大野和泉入道藤原光嗣としている。以後、第四十九世藤原安吉に至るまで藤原姓大野氏で貫いておられる。藤原姓は時的の姓か。

さて、日信聖人のその活躍の場が最終的に東金であったという事は、東金は土気酒井氏の一族の所領であり、所謂「上総七里法華」の地であったからだが、更にそこに深い縁がある事が分かった。日信聖人の俗姓が判明した事により齎されたものだ。それは御先祖が鎮守府将軍の東人であった事から、矢那と東金の道程に、「金谷・金屋」という地名の導きとともに、東人の偉大な足跡があるという事である。

『東金史話』には次の様に記されている。

「土気城址は善勝寺（顕本法華宗で上総十ヶ寺の一つ。寛正年中酒井定隆が土気城主となり、菩提寺となす）の北方に接する高地にあり。……本城の沿革、伝え云う聖武天皇の神亀三年（七二六年）鎮守府将軍大野東人陸奥国に多賀城を築くと共に本城を築きたりと。……酒井定隆中野城より移りて此城に居る」

多賀城と併設というのだから、余程の城というものだ。

これは東人将軍の行跡と共に、日信聖人のお心、すなわちご先祖の遺徳を慕っているに見えるものである。つまり、大野家の先祖というのは、藤原姓であるよりかは、古代の豪族・大野君（684年、大野朝臣に改姓）とすべきであろう。

大野氏と藤原氏とは、その様に歴史的には明らかに別氏族とされるべきものだから、この点からその矛盾が確かめられ、就いてはその系図作成の様相を追跡しなければなるまい。

その矛盾の発生を追うに、先ずは、元々の西上総地方の大鍛冶、「藤原姓」のそれを件の「齋藤家」として投影すれば、系図作成のメカニズムが見えてくるのではあるまいかと思った次第である。この仮説作業は決して乱暴なものではない。

大野家墓石を拝観させて頂いたところでは、その最高に造形のものは第三十六世の重利殿のそれである。この方の夫人は齊藤氏光信（何故か、齋藤三左衛門家の系譜にはこの名は見えませんが、光吉に対応すると思われます）の娘である。そして、この齋藤氏出生の大野家長子が、戦国期、土気酒井氏の布令によって形成された宗教領域「七里法華」に於いて、近世初頭に出現した名僧・東金本漸寺第六世自然院日信聖人であられる。この様に、齋藤氏と大野氏は親類関係が明らかなのである。

木更津市内にある**日蓮宗の名刹「満足山成就寺」**さんの「**寺宝として伝えられた古文書**」に、「**自然院日信聖人法孫系図**」**がある。**それを紹介したいと思う。但し、浅学の小生は文意を解するに不十分の故、正しくは識者の御披見による講義に従うのみである。

自然院日信法孫系図　明治七年九月二十二日　本漸寺にて二百五十遠忌取越勤
本人入来之節改テ印置也

矢那村齋藤三左衛門ト云也　　日遊記
元和八壬戌十一月三日入院　　（註、日遊については不詳）
宮谷学講二世　寛永三寅　退院

初祖　権大僧都法印日信　生処西上總木更津之産也
屋那村五郎右衛門一子也母生一子
即時死亡母告依九歳成就寺日傳師
為弟子十六歳而天台宗三獣台入学
積年累功上総東金来臨世人学徳道念第一唱之其後日聡
師退院時成本漸寺住職寛永三年次歳丙寅九月廿三日遷
委在縁起住尋　御弟子日澄日乗亦日英師弟子云説アリ
二祖　養徳院日乗上人
本山三十一世
本漸寺七世
俗性東金市藤刑部左衛門一子也慶長三年戊四月十七日誕生四歳而日信師為弟子名円智後号乾龍十六歳而對衆人講集解観心〇二十一歳而信師
座下止観一二巻聞其述聞書本漸寺
塔頭了性院蔵ニアリ其外記録之書アリ二十九歳之時宮谷檀林入

講堂両度六世八世檀林式此師時定玄講列次ノ始アリ其後登華洛西
度次為任官○酒蔵邑布留川與兵衛官金寄進ス其子細予書今在布
留川家ニ其後四十八歳正保二年乙酉四月二十三日於本漸寺遷化
御弟子両人乾恕日○　　　　詳玄日融也

三祖　離念院日融上人

本山四十七世

乗師直弟○師法弟也於本漸寺年○六十四
元禄六○酉八月二十六日羽化
檀林ハ観能ニテ退ク観能ニテ輪番此人始
御弟子霊祥日達恵潤日音

玄講師

恵照院恵潤日音徳位

生処御蔵前二十五ニ而入道出家
浅草慶印寺墓所アリ

三門村妙善寺住職○融師弟子享保二年丁酉十一月贈上人ト成

四祖　隋信院日達贈上人

宝永六年己丑四月二十五日三十八歳ニテ寂
生処永田村田邊氏ノ産

檀林集能ニテ退ク東金茂右衛門支援ス
弟子量明日完

五祖
本山八十七世　字ハ量明
壽全院日完上人
駿州北松野妙松寺上洛輪番
生処東金新宿
大木戸村善徳寺
住職　台方村妙福寺
延享元年甲子六月六日遷化

玄講七十五世
講堂七十一世
本山百三世
生処大木戸村
赤木邑正福寺

六祖
高現院日泉上人
住職　椎崎邑本満寺
蓮福寺ニテ遷化　官　権大僧都
大椎邑長興寺
宝暦十三年○未四月四日
台方邑妙福寺

玄講九十七世
講堂八十九世
本山百二十一世　字乾道
椎崎邑本満寺

七祖
泉壽院日自上人
住職　五木田邑本成寺

明和七年庚寅十一月二十七日遷化　　北幸谷邑妙徳寺
輪番成功下東之節小田原妙経寺ニテ○

敬白諷○事　捧三寶佛陀ニ○
奉転讀妙法蓮華経十二部自我○一千巻題目十万遍奉造
卒都婆一本奉演説一乗妙典之文要一句聊押悲涙奉
菩提増進旨意趣如何者備権大僧都自然院日信法印
尊師大十七回忌報恩謝徳者也経曰畢竟住一乗是故
有智者聞此功徳利文○師長上人之所生有奇特當熟
審之余亦毎此患也蓋原夫上總國望陀群矢那村之住
齋藤氏光信之孫也祖父光信有一息女正無半子十七
歳懐妊給既逮臨産女曰平安則余亦死一子成長當為
妙法華経之行者己然而後安産意終其身者逝去雖然
産婦毎夜来令服於乳依之猶任遺言方○当山成就寺
八世日量和尚之弟子日量和尚曰弥此希有以乳味成
長須為聡明智徳僧○三歳之間服育之○或曰昼者懐

二乳婦夜者懐一老夫且幽○之霊魂養乳之殆及三歳
者哉嗚呼他界人之以乳味成人○先是不異人乎従六
歳在于成就精舎自十六歳志于学所以同國長南之天
台宗到于学室偏○法華三大部則○于當山給元来智
見者宛等如来窮法性淵底實相眞如珠者不磨有自輝
尋妙法流布之地流来生死衆類於為導之且亦同國東
金所住鳳凰山数十載種々下賤利益莫大也故不運一
歩震嘉名於我朝不歴講肆徹開覚於佛心恐隣元祖之
高徳親什祖之明記信是応時唱導契機行儀也若無此
師濁世衆生云何殖正覚種就中余又○子而預上人○
○剃為弟子庸厚○○愛深受教誡甚是三世芳心之契
○○毎説道生而不幾後于親依師長之顧愛成就沙門
之法器今也逮四十其切要処不可不知○粗蛍雪窓照
書閑灯下読文是皆自然貴院之高徳日信上人指南也
然後上人頓止身軽法重死身弘法之化転変有限難免
之相示之給行年六十九歳去寛永第三丙寅太歳九月
二十三日在于鳳凰山本漸精舎遷化畢○是顧徳海心

水深内外海恩山懇地者恰高鉄囲峯投身難報粉骨難
謝既薬王焼身檀王捨國上聖○也何高山一塵大海一
○比報謝之一分所転之法輪所○之梵鐘也若老○権
大僧都自然院日信法印尊師○一乗所修恵業者断最
後一品無明登朗然極果台答題目五字勝業者悠遊解
脱自在空詠五智円満覚月生生師恩七世父母親疎遠
近過現檀越同成妙因法界平等利益且鷲三身高徳以
祈広宣流布令法久住者也○請諷○如件
寛永十九壬午太歳六月二十日
権律師　養徳院日乗　敬白

養徳院乾龍日乗上人年表録
日乗上人者慶長戊戌年四月十七日於上之總州東金
・・・
・・・
後略

この法孫系図のコピーを成就寺の老御前様から頂戴しての感想は深く、次第に我が千葉県史の従来の往往の不問性に対し、大いに疑問を抱くに至った。

日信聖人の歴史的活動の地は東上総の東金である。それで小生はその地で郷土史に造詣の深い友を求めたのだが、直ぐ見つかった。

小生は千葉県近世史上に冠たる足跡を示した「東金御成り街道」と、その終着駅すなわち「東金新御殿（当時の呼称）」の謎を解くに、その地で掛けがえのない友を得る事になった。**東金市の周辺に郷土史研究の第一人者を尋ね聞く時、誰もが知り、案内してくれるお方は「ふくや書店」のご主人飯高和夫氏で、ご評判通りの該博の方であられる。**氏と小生は殊の外歴史好きの似たもの同士ということで意気投合した。氏からそれは貴重な文献を用意して頂いた。

それが『東金史話』（昭和三十四年九月一日、東金市教育委員会発行）**であった。**それを読む中に、「菅生庄」の所在について、当時の郷土史家の皆さんが、結局、それを特定し得なかった事が判明した。又、日信聖人について全く言及されてない事も分かり、却って「成る程」という気持ちになったのである。

東金の市民の方々は総体に、郷土史を思うに「東金中心史観」を以ってする。これは自分たちの郷里をこよなく愛するというものであるから、大いに是としなければなるまい。ところが、そこで第一番目に問題点として浮上するのが、東金酒井氏と土気酒井氏の、所謂「本宗問題」である。これを知るに、これだけでも神経が磨り減るべきであろう。要は次の様である。『東金史話』中の「東金城明細記」に書かれているものだ。

酒井氏の出自は確定的のものではないらしく、その一つは東金城主家のもので、清和天皇十二代新田政義二男大館二郎家氏長子の大館次郎宗氏に発し、末裔酒井定隆に至って始めて土気に在り、後東金城に移る、としている。もう一つは土気城主家のそれで、藤原北家魚名の五男藤成流秀郷（俵藤太）の末酒井小太郎の子貞隆（土気城主、後東金に隠居）を初代としている。これは難しい。誰が聞いても揉め事であったのだ。

日信聖人がその第六世として居られた所の「東金本漸寺」に就いては『東金史話』が詳しく載せている。それを新字に改め、要約して紹介する。

「当寺を記すに当り参考のため次の縁起を記す。抑も当山開闢の縁起を考るに、伝に曰く往昔は近郷松村の内に在って同夢山願成就寺と号し、禅宗にして七堂伽藍の大寺と云う。大檀那平朝臣久時の時代、弘安三年に寄附の〇鐘今ここに在り。爾来元禄十二己卯暦に到って四百年余を過ぐ。其後田間村の隣境金谷村に移し宗を改めて巨徳山本漸寺と名づけ、檀林にして勧学の輩春秋に聚会す。時の貫首権大僧都日親上人と云う。生まれは西上総木更津の辺にあって、法を日遵に〇け、学を泰師に琢き。少年より聡明他に秀で一を聞いて十に至り、文を解し意に従う。内に道念の志を孕み外弘教の願を専にし、知行兼具の硯徳なり。是を以て〇素貴賤崇敬日に新たなり。時に相州小田原城主北条氏、直旗の下文武両道の達侍、酒井伯耆守定隆長享年中土気の城主となり埴生、長柄、市原、山辺等の郡知行すべて十六万石という。後大永元年三男備中守敏房同道当地に入り田間村に城郭を構え、隠居して清伝入道となる。すなわち金谷本漸寺を以て内寺となす。二世の願望悉く日親師に仰ぐ。
然るに田間の城地甚だ狭しとして此の処に移す、衆徒百房に及び早晩大衆を供養すと云う、年時は大永年中ならんか。是より元禄十二己卯暦百八十年余を送る。其前山、巨徳山といいしが当山に移って後これを改めて鳳凰山という。……其後酒井五代左衛門尉政辰武運久しからずして終に没落せらる。これより当山衰微に及び僧房減少す。然る処東照大権現天下を一統して以来諸国、神社、仏閣寄進供養し、当山御朱印三十石山林竹木永代境内不入、東西百八十五間、南北八十七間、御代五代に当りこれを頂戴す、古より今に至るも易らず。勧修祈り奉り繁栄国土安穏なり。右の意趣伝統ありといえども、後代に至り必ず忘失すべし。是を以て先生を恐れず、其大概を録すと云う。（元漢文）
元禄十二己卯菊月中旬十二代　日応在判
（三男備中守敏房とあるは隆敏のことで敏房は東金酒井氏四代なり）

……

本漸寺什宝中の主なるもの
一、日蓮大聖人御曼荼羅
一、同　　　　御真筆

一、日什上人御曼荼羅
一、本門戒血◯
一、日泰上人御曼荼羅
一、日親上人御曼荼羅
一、日経上人一遍首題
一、日経上人御法難法衣血痕附着
一、御奈良天皇御真筆と称する一遍首題
一、日殷上人書幅
一、日乗上人御曼荼羅
一、同　　書翰

日乗上人は市東刑部左衛門の息、学行兼備の高僧にして宮谷檀林の講主となる。著書頗る多く現本漸寺設置の養徳文庫の基礎となる。

同曼荼羅と書翰（礼状）は酒造布留川嘉門氏も所蔵す

一、日英上人御曼荼羅
一、日英上人は東金郷の人法輪の時官権の忌避に触れ日向に遠流せらる。
一、本漸寺古地図
徳川家より御朱印として寺領三十石を付せられ、徳川二代より五代迄の分、家康の分見当たらず。
一、小田原城主伝馬添書
小田原より東金本漸寺までの伝馬添付。其他曼荼羅書、画、古文書等あれども略す。……」

この様に書き上げて来たのは、異常の歴史性を抽出して見たかったからだ。

そう、日信聖人に就いての記述が全く無いと先に書いたが、ここの「家康公からの分の御朱印が無い」というのと合わせると、抹殺によるものと思われるのだ。これは逆に、聖人の歴史的存在の卓絶性を語るものではなかろうか。第三章で「藤原遠元」を論じるに大いに参考になった。

聖人は誰かによって貶められたのではあるまいか。そうした加害者は大権力を持ったそれではないのか……。それが当然の推理である。この場合、聖人に対して敵愾心を持つ者の動機は「嫉妬心」に発していたであろう。そうなれば、調査すべき対象人物は自ずと限定されるというものだ。勿論、浅膚な推理との批判が忽ちに出来するであろうけれども、論じるに如かず。そのヒントは日光東照宮の方角性に有った。これを論じる前に、本漸寺に伝わる宝物に纏わる日信聖人の弟子日乗上人の父市東刑部左衛門（1575〜1606　東金酒井氏遺臣。東金の義人）に就いての物語風の業伝などを紹介したい。

『郷土の偉人』（東金市教育委員会編）に収められている「東金の義人・市東刑部左衛門」なるものがある。そこに戦国期生き残りの武士の見事な生き様が描かれている。

日照りによる不作で苦しむ百姓を救う為に、里正（名主）となっていた刑部が、無慈悲の幕府検田使を切り殺し、代官所の倉を開いて米を分け与えた。

あれよあれよと騒ぎ立てる役人をしり目に、仕事を済ませた刑部は、先祖の墓のある最福寺に赴き、先祖にこれまでの事を報告すると、静かに衣服をはだけた。腹を十文字に切る見事な切腹であったとされる。尊敬する幕府代官の島田伊伯あての書置きには、「すべて一人の仕業で致しました。村人にはお咎めなきよう」、としたためられていた。後、農民らはその志を徳として崇め、塚を築いて墓標となした。

物語には書かれていないが、刑部左衛門にはまだ幼い遺児がいた。後の京都本満寺派中興祖とされる名僧日乗上人で、この時八歳であった。その二年前、父刑部左衛門は日信聖人の学徳の高さを知っていたのであろう。我が子の将来を聖人に託したのである。

事の性質は兎も角、幕府役人を切り殺したというのは重罪行為であったから、当然、咎人の子である日乗上人も探索される。

その折、日乗上人を保護したのは旧酒蔵城主の布留川氏であった。吟味すべく引き出された上人に対する裁きは、僧籍に在るを以って連座の罪には当たらずというものであった。そのとき、日乗上人の修行の有無を知るべく厳しい質疑が行われた事は当然であった。

刑部左衛門はすべてを予期していたと言えよう。

慶長十七年（1612）十月十三日、日乗上人を匿った布留川氏與五右衛門政開が没した。

「罹病卒葬于此檀寺日信上人謚日妙開信士」布留川氏は酒井氏の重臣で、酒蔵城主としてその地方の名門であるが、その氏が帰依したのは、当時、本漸寺住職になる前の日信聖人であった事がこの「墓誌」によって判明している。義人・市東刑部左衛門の事とともにこれを改めて考察しなければならない。氏も又義人であったのだ。

その翌慶長十八年十二月十二日から翌正月八日までの八日間、「家康公の仰せによる東金御成り街道と東金新御殿の普請造成」が行なわれ、正月九日から十九日まで、「東金御成り」があった。この東金御殿設営の真の目的に就いては、従来、不明とされて来た。それで、ここに日信聖人の歴史的存在に就いての次第が明かされて来たのを、全くの新しい所与として注視し、御殿の造営は、事始には、関東統治の上での大御所家康公の戦略的高等性に基づくものであるが、この地が江戸から見て東の方角にあり、又、温暖・風光明媚である事から、「徳川家廟所として極めて佳である」として選定されていたもの、と思ったのである。

事実、**現在の本漸寺御住職が話されるには、「実は『此処に徳川家御廟所の東金東照宮が作られる予定であった』、と寺伝にあります」との事であられた。**

ところが、公の薨去（１６１６）後、その遺言を巡って、聖人の好敵手・天海大僧正の論弁が公の後継将軍秀忠公や重臣らを制し、諸情が深く隠されたのであろう。その後遺として、公の遺体は久能山に埋葬されたのであるが、その一年後、遺体は日光に改葬されたとか、いや、されてないとか、今日でもその真否は分からないとされている。如何。

但し、圧倒的の自然景観と人の祈りによって佇む日光が、どの様な事由にせよ、以後、本邦のみならず異邦の方々にも愛されているのは、好ましい大事象である。

何れにしても、名僧日信聖人の名は表面的には世俗に全く伝わらず、勿論、その墓石も建立されておらない。「多く聞く、これ知るなり」。これを座右の銘として来たが、聖人の存在は広く世に知られるべきものと切に願うものである。

第三章　陰謀の日本史

「公武の十字路」とされるべき藤原遠元についての従来の不言及を質す事によって、我が中世日本史の諸々の謎が解決すべきという「命題」をここに提示したい。

遠元の女婿には、後白河院の義理の兄弟であり且つ最高臣であった藤原光能という存在があった。光能は若年に父忠成の妹夫婦の猶子となったのであるが、その義理の叔父というのは右大臣徳大寺公能（1115〜61）であって、それが明らかに彼の出世の因由とされる。

公能の曽祖父実季の姉妹茂子は白河天皇の御母であり、又祖父の大納言公実（1053〜1107）の妹は鳥羽天皇の御母であった。公能の父・左大臣実能の妹も鳥羽天皇の皇后で絶世の美貌を伝えられる彼の待賢門院璋子（たまこ　1101〜45　18中宮）であった。

実能の弟実成の娘が以仁王の御母である。更に、公能の娘多子（まさるこ　1149〜1201）と忻子（よしこ　1134〜1209）が近衛天皇、後白河天皇の夫々の皇后である。美貌の誉れ高い多子は後白河院の皇儲二条天皇の后にもなっている。

第一節　藤原氏の氏長者と京の最高貴族集団

藤原光能は公能の猶子であるから皇后らにとっては母方の従兄妹であると同時に義理の兄でもあった。であれば、光能正室である藤原遠元女は歴代皇后の義理の姉妹という事になる。これを論ぜず、殆ど隠すが如きはすなわち陰謀にも思われて来る。

光能には何人かの妻がいたのだが、その内の一人は大江匡房（まさふさ　1041〜1111中納言維時の来孫　正二位権太宰帥大蔵卿）の孫娘であった。匡房は菅原道真の再来と評された人で、幼少より俊秀、十一歳で漢詩を作ったと伝わり、後三条・白河のブレーンとしてあった。その権勢は藤原顕季（1055〜1128　院の乳兄弟で男色の関係。公実の父実季がそうした院との事情を知って猶子とした。六条流を創始した歌人としても歴史的存在）に先駆するもので、藤原氏も及ばぬ程であった。

光能はその匡房の孫娘を離縁してまで、東国武士とされる遠元の娘を正室に迎えた事になるのだが、当時の社会秩序に混乱を来たさなかったであろうか。何か異常ではなかろうか。宮道列子の再来とでも言うのか。

遠元の出自正体に就いて本格的に疑わねばならないというのはその事であろう。

併せて、改めて考察すべきものが遠元系譜中に伝わる。遠元の猶子とされる天野遠景（生没年不詳）の存在だ。遠景については皇居内太政官庁の「秘閣図書」（その後、内閣文庫蔵）『系図纂要』に次の様に記される。

保元三年（1158）、足立判官遠元為猶子改姓
藤原名遠景、仁安三年（1168）相続良仁卿天野御所
号用日月幡桐紋、関東守備の宣言、内舎人、
左衛門督、正四位下大宰大弐、鎮西探題、
蓮景、貞応元年（1222）七月卒

これが純粋の武士ならば大変な存在であったであろう。驚くべき身分経歴などであるからだ。後三条天皇の第三皇子輔仁親王（1073〜1119　次皇太弟）の王子・左大臣源有仁（1103〜47）のその子とも伝わる兵部卿良仁の、或いは猶子とも女婿とも伝わる遠景であるが、その養父となったのが「東国武士足立遠元」なのであった。虚実交々に書かれてると思えば良いであろうか。この『系図纂要』も「秘閣図書」とはされていても、如何せん近代の編纂であるから、やはり、永年の「軍記物」の影響を多分に受けているであろう事は、仕方あるまい。
輔仁親王は「後三条天皇の御遺詔」では、白河天皇の皇太弟実仁親王の即位の暁にはその皇

太弟と定められていた。所が、実仁親王が早世なされ、それが反古と言うべきものとなり、白河天皇は素早い御譲位で御自分の皇子を以って堀河天皇とされた。それればかりでなく、輔仁親王は仁和寺周辺に三年幽居の身となられた。それで、親王の周囲勢力である醍醐寺の僧・仁寛らによる親王の即位計画という「謀反の兆候」が模索され、それを摘発しての酷い弾圧事件が発生した。

事態の推移に鑑みてか、輔仁親王の子有仁王は白河天皇の猶子（遵って有仁王は有仁親王とも呼称される）とされ、その室には公実女つまり公能の叔母（待賢門院の姉）が迎えられている。とすると、光能と遠景は徳大寺系譜で見ればこれは義理の又従兄弟という事になる。それが遠元系図では夫々女婿、猶子という重縁になっているのだが、いや、これは遠元・光能・遠景の関係の深さとそれを容認されたであろう後白河院の存在を確かめたかったのである。

又、有仁の養女に懿子（よしこ　1116～43　実父は大納言贈太政大臣藤原経実、母は公実女）がいる。後白河天皇の妃、二条天皇の御母であり、贈皇太后である。遠景は良仁の猶子とされ、皇太后の甥である故に、二条天皇とは従兄弟という事になる。その遠景が足立郡司とされてる遠元の養子という事なのだ。『系図纂要』がこれをこの様に証している。これで良いのか。

挙げて来たどの人物も、遠国武蔵の郡司風情が下手に係わるべき系譜存在ではない。例えば遠景でさえ正四位下という公卿にあと一歩の地位にあったのだ。否、彼を遠景卿と書いている書物もあるのだ。或いは遠元の女婿・北条時房の場合、彼は公家に登る目論見であったか、遠景に同じの正四位下に達している。武家出自の者には無い際立つ有り様であり、義父遠元の本身分を髣髴とさせるものではないのか。

百歩譲って遠元が武家出身だとしたならば、遠元は、彼の清盛公と時を同じくし、京を舞台にして令名を轟かせていた存在としなければとても追い付く話ではない。これらを纏めて見て慨嘆すべきは、日本史には恐ろしいほどの「虚偽」がある事だ。

その遠元出自に就いては様々に書かれるのであるが、それでも武家説では概ね足立郡司の嫡流とされている。所が藤原氏出自説となると魚名流説と高藤流説があらゆる想像を逞しくさせて複雑に入り込む構図となっている。「通字が巧妙に絡んでいる」と申し上げれば良いだろうか。

或いはそこにこそ日本史の最たる「陰」がある様に思われるのである。

さて、**藤原魚名**（721～83　本名魚麻呂）は**藤原氏の正統の房前**（681～737　北家の祖　21内臣、24正三位、37贈正一位左大臣）の五男で、光仁・桓武朝に最高臣の左大臣としてあった存在で、本来なれば藤原氏の嫡統をそのままその子孫に伝えるべきであった。そも、**不比等**（659～720　鎌足の子　薨去時正二位右大臣　贈正一位太政大臣）はその臨終に、「次に生まれる子が男子ならば、これを正統とする」という遺言をなしたとされる。

成程、魚名の誕生は不比等の薨去の翌年であるから辻褄が合う。小生がこれを知ったのは歴

史物の月刊誌の購読に依った。小生にとって日本史を知るに魚名流の比重は大である。

魚名は777年に従二位近衛大将兼大宰帥、781年左大臣となっていた。今日であれば首相兼外相といったところであろう。が、そこに不可解な事件が発生する。782年に起こった**「氷上川継事件」**というもので、それに連座して左大臣の地位を追われ、大宰帥として左遷されたのだ。それを、実に魚名は大宰府へ赴かず、病気を装って中路の別邸に留まっていた。翌年、罪を解かれて本官の左大臣に復し、その年内に薨去した。

事件に連坐した者は首謀者とされた**川継**（父は、過日、「藤原仲麻呂の乱」に際して「帝」として擁立され、「偽帝」として処刑された塩焼王。母は孝謙女帝妹の不破内親王）、**不破内親王**（723頃〜95　聖武天皇の皇女。「たけしばのをのこ」の妻となった皇女は姉妹か）、**三方王**（舎人親王の孫と云われるが、不詳）、**藤原浜成**（724〜90　麻呂の子で川継の舅。72参議、81大宰帥たりしが、治績無しとて権帥に左遷）、**大伴家持**（?〜785　従二位大納言旅人の子　歌人としてのその歌に天武系人脈を語るものがあると言われる）、**坂上苅田麻呂**（727〜86　渡来系の名門　70道鏡の奸計を告げた功により正四位下・陸奥鎮守府将軍）、それに魚名らの計三十五名であったと云う。

事件後の魚名のそれが奇妙であったと同じく、家持も同年中に赦され、翌年には中納言、785年薨去の二十日後、藤原種継暗殺事件に関与していたとして、改めて除名処分を受けているが、更にそれを復位させている。

桓武天皇（737〜806　在位781〜806）は歴代の中でも英邁な方であられたが、多くの策謀をめぐらされたと伝わる。そも皇統譜の中でも、極位には遠いと思われるお立場からの即位であられたのである。それを証されるに、何よりも「御霊神社」なるものを創建なされ、そこに**早良親王**（さわらしんのう　?〜785　桓武天皇の同母弟　81皇太弟）、**井上皇后**（717〜776　井上廃后　吉野皇太后　四十五歳にて他戸親王を生む。70立后、72皇后、73山部王の立太子で75庶民に落される）、**他戸親王**（?〜775　御母は井上内親王）を合祀されているのだが、夫々天皇の御陰謀の犠牲者とされるのである。

氷上川継事件の本質は旧来勢力・天武系人脈の淘汰にあったと解説されている。

氷上川継（生没年不詳）という人は「偽帝」とはされたけれども**恵美押勝**（706〜645　7紫微内相、60従一位大師、淳仁天皇擁立、62正一位、64謀反、破滅）に推されて即位したという程どの塩焼王（?〜764）の子である。祖父は**新田部親王**（?〜735　母は鎌足女）であった。自身は臣籍降下していたとは雖も、天武系皇統のうちでも最右翼のそれであり、皇統として復帰して僅々十二年の天智天皇系の**桓武天皇**にあられては、極めて鋭く監視せねばならないと思える存在であったのだ。**この皇統の交替劇は実に謎と悲惨さに満ちている。**

大伴氏の伴善男卿（809〜868　47蔵人頭、48参議）は、864年、大納言に昇進したのだが、866年の「応天門炎上事件」の際に、放火の罪を着せられて伊豆流罪の身となり、その地で没した。平安期には死罪というのは無く、それに代わるものが流罪であろうから、必死というものであって、それ故、後世の源頼朝の身元なども疑われ、鎌倉市の最有力の学芸員さんでさえ「頼朝は偽者です」と小生に言われるほどなのだ。頼朝の側近とされた安達盛長のその父や日蓮聖人もその憂き目にあっているが、日蓮聖人は奇跡的に生き延び、更に彼は佐渡へも流されても生還し、後世に大影響を与える人物となっている。が、伴善男卿は流罪先で息絶え、名門大伴氏の名も消えていった。御陰謀の様相の一端である。武蔵国造とされた丈部不破麻呂も或いは元大伴氏か。大伴氏では時的に具合が悪すぎたのかも。

いや、**その先、桓武天皇は「厭魅大逆事件」というのを処断されている。これはそれこそ惨いものであった。攻撃相手は同じく天武系の皇族であった。**

桓武天皇は**光仁天皇**（７０９～８１　天智天皇皇子の施基親王の王子　６６大納言、７０皇太子、同年即位）のその第一皇子で、初めは白壁王の第一王子・山部王と称されていたが、御父が図らずも登極された時にその皇太子になられたのは、弟の**他戸親王**であられた。御母の出自の違いによったのである。すなわち、山部王の御母は百済の武寧王を先祖とする帰化系の**高野新笠**（?～７８９　和朝臣乙継女　光仁天皇の即位で夫人に。和朝臣は帰化系を思い起こさせる為、後に高野朝臣と改姓、没翌年に贈皇太后。系譜の真偽は定かでない）であられた事から、皇太子となられるには絶対的に不利であられた。現代に在ってこれを歪曲する論があるが、程々に。

所が山部王はそれを覆すに、父帝の皇后井上内親王による「厭魅大逆事件」なるものを７７２年に摘発され、それに皇太子の他戸親王を連座させるという事で廃太子へと貶めるを得たと考証されるのである。その際、他戸親王は庶民の身分に落とされて大和国の宇智郡という所に幽閉されて後、775年、御母と同時に没したとされている。その経過は次の様である。それが変な逸話に始まる。

井上内親王の失脚を狙う式家の百川（732~79　宇合の子で非常な策士として宇合に始まる式家の全盛を齎す。71参議）の謀りによって、或る時、天皇と皇后が双六をする事になられた。只の遊びでは面白くないという事で「賭け事」とした。これは当時の唐の朝廷でも同じであった。それで「互いに勝った方へ『美男、美女』を宛がう」という事になされた。このような退廃の極致も唐朝から伝わったものであろう。であるから、次の展開も信ずべきものとして聞ける。出典記事ばかりを疑うべきではないという事だ。

「徒事ではありませんなァ」「オッツアン、だから驚いちゃいかんのよッ、言ってんだろッ」「もしも、陛下がお負けになり、皇后様に男を薦めるなどという事になったら、どうするお積り、？？」「あんまり具体的に聞くなッ」「おたく、有名なケーシーさんですか」

その御勝負、皇后陛下がお勝ちになられた。そこで皇后陛下がそのお約束を無かった事になされたかというと、ちゃんとその実行を「催促」なされたのである。観戦してた訳ではありませんが。

その「お約束の美男」が山部王であられた。そして当然の事態となった。時に井上内親王は御年五十六、近親姦ではないから良いというものではありません。まして、山部王は年上の女性がお好みという訳ではなかったらしい。公的の史書があるのかと聞かれても、全く存じ上げません。「韓国だったら高等検察庁にしょっ引かれっドッ」「どこの言葉だ」。そういえば「四街道」を「ヨツケド」と言う御仁が「よつけど」にも居たのにはたまげました。恐らく、「四つ角」が語源の訛りでありまじょう。「わかんねドッ、オメぇ」。長沼は「ながるま」、星久喜は「ほしごき」（折角の地名があんまりロマンチックじゃない）。物井は「もねえ」（漢字名を知らなければ、フランスかどこかと間違えるでありましょう。それが魂消た事に、近年物井地区の開発は著しく、「モネの里」というのが出来た。やっぱし。いや「マネ」ではなく創造です）。まあ、地名の事ぐらいなら如何という事もなかろうが、皇室が退廃した隣国の風潮を「マネ」したというのはいただけませんでした。

当然、天皇と皇后の御仲に亀裂が生じ、遠ざけられた井上内親王が逆恨み遊ばされ、光仁天皇を始め、山部王らに対して「巫こを使う呪詛」を行ったと伝わる。だが。その逆効果、末路として、井上皇后は所生の皇太子他戸親王との母子心中を装われて殺害なされたらしいのです。

陰謀の首魁・百川は７７３年に政界第一の実力者となり、「内外の機務ならざる事無し」と言われたと云う。所が、井上内親王の呪いは後になって効いて来たのか、その絶頂時の７７９年、四十八歳を以って比較的早世となっている。但し、後に太政大臣正一位を贈られている。この「厭魅大逆事件」という難しい名前の事件が少しく見えて来たところでこれは終わるが、後先が逆になったけれども、この事件の後に起きたのが、最初に述べた「氷上川継事件」である。

だが氷上川継事件は然程に残忍な印象を残していない。確かに旧来の名門層を「真綿で絞める」という効果を齎しているけれども、生命的犠牲者は出していないのだ。然しながら、その後にもおぞましい事件は続いた。

それは桓武天皇の後継者問題として起きたものである。光仁天皇は桓武天皇の後はその弟君・**早良親王**を望まれ、立てられていた。それが、光仁天皇が781年に崩御となられ、桓武天皇の野望が露わと成られた。既に述べた白河院の場合と同じであられよう。

世界史にも日本史にも陰謀は数多有る。この拙い論文でそれを書き連ねるのは、少しでもこの「人の世の罪」を少なくしたい為である。それを具体的に知って頂く為に、昔日の自らの家系周辺域に今にして隠れずと揃った疑惑史を紹介している次第なのだ。

桓武天皇は御自身の皇子・安殿親王（あてのみこ　774〜824　平城天皇　在位806〜09）**への皇位継承を目論まれ、画策を図られた。紛う事無く、それに長けておられたのである。**

その折、桓武天皇の絶対的信頼を築いていた寵臣・**藤原種継**（737〜85　式家の清成の子。母は渡来系の大富豪・秦朝元女と伝わる。82参議、83式部卿。84中納言、造長岡京使、正三位。贈正一位左大臣。追贈太政大臣）が新京造営の視察中に何者かに襲われ、帰宅後に落命した。

その事件捜査の為に帰京された天皇は、首謀者を**大伴継人**（?〜785　旅人の甥・古麻呂の子

７７遣唐使、７８帰国、８３左少弁）であるとし、その徒党として数十人をたった一日で全員処刑に付したとインターネット記事にある。この時分には死罪もあったと言う訳か。で、それに加えて、皇太弟の早良親王をもその関係者として乙訓寺という所に幽閉されたのだと云う。親王の無実の主張が容れられる筈も無かった。

早良親王は抗議・抵抗のために絶食され、淡路へ配流の途次に絶命されたと云う。既述の白河院と輔仁親王の関係に非常に良く似たものであったと言えよう。いや、白河院は桓武天皇の事例に倣ったのかも知れない。確信犯と申し上げて良いであろう。

式家の種継と北家の鳥養の姻戚関係に気付くものがある。

種継の母は秦氏の朝元の娘と書いたが、鳥養の子で平安京の造宮使である小黒麻呂のその妻も秦氏の嶋麻呂の娘であり、夫婦の子は葛野麻呂と言って彼も又平安京造宮使であった。即ち、長岡京、平安京の建設の大立者らは秦氏一族であって、その山城（以前は山背としていた）の地は富豪の渡来系の秦氏の**根拠地**であり、それを新京の地として提供したわけである。もちろん、その造営費用を始めとして、桓武天皇の宮廷に大影響を与えていたのである。いつの時代にも見られる構図であろう。

これに殊なる現象としてあるべきは、種継の父清成が無位無官であったに拘らず正一位を贈られている事である。これを超える類例は無い。岳父朝元の実力とするしかない。

事実としてその後に秦氏の名が拡がらないのは、**藤原北家への本宗としての入り込みによる、**

という説がある。誰がその存在かと言えば、**真楯**であると言う。**成程、それで魚名家のその後がそうなったという訳であるか。それでも不比等の後継・魚名流自体は続いている。**

平安時代は藤原時代とも言われるが、その根幹部となった摂関家をはじめとする藤原北家流が秦氏であったならば、秦氏ユダヤ人説の事から、平安時代はユダヤ人の主導下に営まれた大文化現象であった、と言い得ようか。それに就き付帯すべき都合の神社がある。奈良期に起きたところの「**八幡大神の入京**」である。

奈良県葛城市木戸という所の八幡神社に、毎年の七月二十三日にお供え物を用意して日の出を待つ、「天道御供」という日待ち祭りの行事が行われる。講中の人びとが日の出の方角に向かって祈りを捧げるとされるものだが、この記事をインターネットで読んで、「はあッ、そんな祭もあるのか」と思った次第だ。この場合の思いは、東の方角を尊んでいる図式である。**八幡社**の本殿の向きは全国的に「西向き」のものが多く、小生の家が新田開発の開始年である文化五年に創建した「八幡神社」もその掲額に「八幡大神」と書き入れ　西向きに鎮座している。氏子らは必然的に参拝方向を東とする。すなわち「日の出の方角」に向かってする事になる。

この事は「日の民」という日本人的の解釈を以って知っていた積りであったが、神社によっては本殿の向きが違うという事が次第に意識されて来た時、殆んどの八幡神社本殿の向きがどうして西向きに建てられているのかが改めて思われた。

どうやら、その神社の起源性が重大のものとしてあったという事である。この場合、それを最初に祭祀した氏族の動機・起源というものが尋ねられるべきで、これこそは今し方述べた事項に合わせ、秦氏の出自に関わるものと直截に論及すべきものであっただろう。

秦氏を中国、新羅などを経由しての渡来氏族とし、その社会的の属性を「原始キリスト教（ユダヤ教の一類）徒のエッセネ派（これは明らかなユダヤ人と思われるが、封印の「死海文書」を見たい）とする時、渡来以後のその周りの「稀有の事象群」を、総合的に解く事を得るであろう。

秦氏のあり方における原理的な動機としてあるのは、原故郷からの東へ東へと移動し続けた結果の、文字通りの「極東」に位置する日本への到達と定住、それとその延長であるところの「東方礼拝」という方角的執着であろう。

聖書には、「メシア」が、やがて西方に現れるとしていた。そして、東方から出向いた三博士はその来臨を迎えるべくベツレヘムに辿り着いたのであった。その後、メシア亡き後、原始キリスト教団の一員と想定される秦氏一族は、博士らのやって来た東方への行程をとり、最後的にこの日本へと到達したというものである。これを問い、**感得すべきは、最終的に、「平安京」が建設されている事である。極東は天国に比定されるとも言われるのである。**

朝廷が強大な秦氏との共存を図って、その奉祭する八幡大神を宇佐から奈良京への進出を容認したのは、表面、「東大寺大仏殿」のその守護を願ってのもの、すなわち社稷の補完としてあったのであるが、政治的の判断に基づいた事、以上の通りであろう。そして、当時現実として、秦氏はその目的のあらましを成就したのかも知れない。ユダヤ人の都は「平安の都」を意味する「エルサレム」なのである。而して、神道にはヘブライ的教義が色濃くあるとされる。言うなれば、その偉大な成就によって、以来、キリスト教的でのそれに「弛緩」が齎されたのかも知れない。**何れにせよ、今日に日本が一部の国際的勢力によって敵視されているのはそこに大因がある様だ。**

大和朝廷の都が平城京から平安京へと遷ったとき、八幡大神も畿内に石清水八幡宮として遷座したのであろうか。

藤原魚名は、若年、八幡大神入京に際しての、「迎神使」として知られる存在であったが、その孫の藤嗣は紀氏から妻を迎えている。その紀氏一族こそは石清水八幡宮の歴史的祭司となっているのであり、そこから疑うに、紀氏と秦氏の関係には隠された深いものがあるらしいのである。つまり、紀氏と秦氏は同族というものであろう。

小生がこの様に魚名系図とキリスト教と八幡大神を長々と記述するのは、我が家と村の出来にこれらが深く関連して来たからである。

ここで渡来集団の原故郷について別角度から考察して見たい。彼らの原故郷は東地中海の岩山的砂漠地であった。すなわち中東に位置した訳であるが、地中海沿岸というのは何処でも樹木の繁茂に乏しく、陸地は禿山ならぬ岩山、或いは砂漠に占められている。だがその様な光景はその地域の太古からのものではなく、そこに住む人々の永年の生き様によって齎された状況というべきものであった。

　海と陸の違いはあるが、地中海というのは中国大陸で言えば黄河流域に位置する「中原」であろう。地勢上、人々は互いに見える環境に位置して競争・闘争を余儀無くされて来た。戦うに必需の道具は機動性を持つ船である。そこに高度の造船と航海技術が発達したであろう事は論を俟たない。それを有利に争うべきはその為の技術と材料であっただろう。

　フェニキア地方はその後背にレバノン山脈を擁し、そこに世界史的の良材・レバノン杉が繁茂していた。当然、その地に住む人たちは周囲中の要請に応えて木材業やら建築業やらの所謂地場産業とその技術を育てる事になる。良材が人を導き、育てたのである。

　彼らは各地からの要請を受けて出張し、打ち合わせを繰り返したであろう。自然、夫々の国地域の機密に就いても知り知らされる立場にあった筈だ。懇意でなければ良い仕上がりの建造物を実現するには不可が多いのである。それは「神殿建設」請負に際しては特に肝心事項の筈だ。**結果、レバノン山脈山麓に住む人々は、各地の所謂「古代密儀宗教」の本義に関わる知識を何処よりも集積する事となったであろう。**

　フェニキアの王ヒラムはヘブライ王国第三代の王ソロモンに神殿、「エルサレム第一神殿」の建設を依頼された。聖書に記述される歴史的の事象であった。

　フェニキアの建築技術集団、これが後世に有名となった石工組織「フリーメーソン」の起源であったか知れない。今日の日本に於ける建築業界にあっても、「建築に際しての最高の棟梁」に位置するのは、原則は「石屋の親方」であるべきという（これを知らないというのは単に等閑なだけである）。この原点は中東の事情に発したのかも知れない。

フリーメーソンに入団したモーツァルトはその入団儀式を体験し、その余りの異様性に驚愕してか、『歌劇・魔笛』を創作したとされる。ベートーベンもフリーメーソンであったが、ロマン・ローランに記述されるその歴史像からのものとは違い、そんなモーツァルトに比べて遥かに抑制の効いた存在であったらしく、彼の創作活動を「天才の乱用である」と批判している。いや、市民生活に於いてはベートーベンにも奇行が多過ぎた様ではあったが、である。彼ら二人がクリスチャンでなかった事はその様に自明のものだ。

秦氏は、原始キリスト教徒の系譜を引く者として、この日本に渡来したらしいのだが、その彼らがとりわけ感嘆したのは、この日本列島に宿る「妙なる自然の豊かさ」であっただろう。この自然の恵みは、当然、新規渡来のユダヤ人集団に、経済的成長、大成長を齎したのではあるまいか。人間は環境の動物と言われるからだ。

宗教的ユダヤ人が経済的それにも変貌したのは、その様に、豊かな森と水に現れるこの豊饒の国土に移った事にあったと思うべきである。あるいはこの一団に、精密工業の世界史的先駆であったフェニキア人が参加していた事も十分に考えられよう。

例えば、宗像神社の祭祀で名高い宗像氏は、極東海上貿易に任じたフェニキア海商団のそれ

であった、との想定が有るほどである。

それで、彼の**天武天皇の第一皇子高市皇子**（654?〜96　御母は宗形徳善女　86太政大臣）の御母はその氏族出身であったと合わせて推定されるに、器量抜群ながらも皇子が即位されなかった因は、その母方の出自と皇子自身の御風貌が御母にあまりにも似ておられた事などが災いされての事、とする研究者も居られる。何れにせよ、古代フェニキア人と今日の日本人ほど、商工業の発展に於いて似通った存在は無い様に思われる。

日本へ渡来しての秦氏の存在は偉容であったらしく、大和朝廷の大藩屏となってその都を聖なるものとして作り直し、以来、それが我が国の永続的の大分として今日まで存続しているとも言えるのである。

人類が各地化を呈したのは、地球が他の天体と連動する故の環境変動に起因している。それで例えば、ユーラシア大陸に住む人々も地球の温暖期と寒冷期とでは自ずと移動の方向性を変えるのであり、南北を何度も替えた筈である。そしてその間、離合集散に基づく運命の多様性を免れなかったとすべきだ。つまり同じ人間、同じ種族であっても、その同類間にさえ異同が生じた筈である。否、人間も動物も同じ親から次々と生まれているくせに、その容貌を著しく変えている場合が少なくない。これからすれば、「兄弟は他人の始まり」というのが、苦くはあるが、何より真実であると納得しなければならないであろう。

だから、**人は万物の霊長らしく、いかなる存在群もその離合集散が常に「機会的」である事**

を理知的に認識し、国家差別、民族差別、地域差別等のあらゆる差別を問い直すべきであろう。すなわち、夫々の仲直りのその端緒とすべく、述べてきた様な歴史発掘作業を前向きのものとして貢献させなければならない。日本史の秘部はその責任を確実に負っている。

或いは、生物の進化成長というのは同族間競争を不可欠としているが如しである。いや、それが究極の真実であるとすれば、裏を返せば、地上の今日は人間の成長の最後の段階、「完成と破滅の端境にある」のであり、ここで妙なる頂上現象を永劫化するべく、再方向を設定し、大同協調すべきも「偉大な対の真理の有と無」と言えるのではあるまいか。ギリシャ神話では「主神のゼウスも終には人間の助けを必要とする」と予言されているのだ。そこにこそ真のヒューマニズムが存在するであろう。

第二節　醍醐天皇外戚の勧修寺高藤家の閨閥

桓武天皇により魚名家の隆盛の望みが減り、結果的に魚名の兄真楯（715〜66　本名八束　64正三位、66大納言にて薨去）の血筋に藤原氏の主流の地位が移り、そのまま歴史が進行する事と成った。但し、後の藤氏長者の地位の歴史というのにはこれは数説があり、良房弟の良相（813生　57右大臣　67薨去、贈正一位）の時に始まるという説もある。

さて、魚名に就いては奇妙な出自事情もあった。これが、後世、遠元系譜を改竄する一環としてのものかどうか、解らないところだ。兎も角、次の如くである。

魚名の長兄鳥養（生没年不詳　極位は従五位下　子に秦嶋麻呂女を娶った贈従二位の小黒麻呂がいる）は不審な生没年不詳の上に、早世とされている。次兄の永手（714〜771　65正二位右大臣、70光仁擁立、正一位。『日本霊異記』に閻魔王に問責されたと有るほどの人物）は記述の様に714年であり、四兄清河は贈従一位ながらも生年不詳。三兄真楯が715年であり、魚名自身は721年である。これら自体は概ね良いとする。

問題は「魚名の母親」の件である。これが『系図纂要』では「清河卿女」となっているのだ。いや、古代に於いては叔母甥や異母兄妹の結婚など珍しくもないのだが、この場合、魚名は房前とその四男清河の娘との間に出来た子という、さすがに異常過ぎてる。勿論、他にも清河卿という名の高級貴族を探したのだが、居ないから言及しているのであり、これが多くの書で魚名子孫と書かれる立場の者全員の命題であろうよ。

魚名母に就いては房前の異母妹片野朝臣娘とされている。

近親婚と言えば古代エジプトの王室の風習であったが、それが近住のユダヤ人の模倣となり、挙句はイスラエル十二支族の血を引くと噂される日本の皇室に採用されていた、とは有り得ない事ではあるまい。

エジプト王国の場合、王室のその極端な純血統主義は古代西方史上での世紀の戦い、「カデシュの戦い」、に於けるヒッタイト戦に引き分けとされる経験をし、ヒッタイト王室との婚姻関係を結ぶ事によって変化を来たしたと考えられている。

魚名の場合、それら以上の、その奇体さに増してのものがあると直感し、正すべく挙げたのが、兄弟の生年差のあり方であった。早い話、永手と魚名の年齢差は七歳であるから、清河魚名のそれはそれより少ないとしなければならない。そこに、たとえ極端な近親姦によって生まれたにしても祖父と孫娘の婚姻関係は想像出来ない。それで、「何かのお間違いでしょう」と安易に片付けられないのが、「陰謀」の所以なのだ。

魚名系図での問題がもうひとつある。これは印象的なものとして気付いたものだが、結果的にその嫡流となった次男**鷲取**（中務大輔　上野守を歴任。当時は上野守が存在したのだが、後、この国は上総、常陸と共に親王任国の上国とされ、介が派遣された。親王は太守である）の娘**藤子**に就いてのものである。藤子は桓武天皇の「夫人」という高貴の地位に上っており、所生の皇子に万多親王がおられる。所がこの藤子には「小屎（おくそ）」という奇妙な名があってこれは何だという当然の疑問を感じた。

調べると、古代には「悪魔」に付け込まれない様にする為に、態と悪魔に嫌われる名前をつける習慣があったのだと云う。だから別段に不思議は無いというのだが、それにしては他系図には見られないものであり、第一、下品であろう。魚名系図に限ってこの様に奇異な名が抽出されたと感じるのは被害妄想なのであろうか。いや、何と言われ様とも、陰謀・改竄作業の舞台装置というのは、実に巨大にして細密であるものと言いたい。
魚名流本宗で最も有名の存在は第五代の従三位中納言**山蔭**（824〜88　母は真夏女　日本の神社の元締とされる吉田神社を創建）である。その山蔭の第六男として中正が居り（中正、仲正の両方に伝える）、その娘を**時姫**（?〜980　贈正一位）と言った。摂関家の**兼家**（929〜990　986摂政）に嫁ぎ、生まれたのが中関白**道隆**（953〜95　990摂政、995道長と抗争）・七日関白**道兼**（961〜95　995関白）・一条天皇御母**詮子**（961〜1001　978円融女御、980一条降誕、986一条即位）・御堂関白**道長**（966〜1027　987倫子と婚姻、986兄の道隆と抗争、999十二歳の彰子入内、906内覧、1000彰子中宮に、1012妍子中宮に、1018威子が後一条中宮に）であるから、時姫に正一位が贈られているのも納得というもの。
山蔭の嫡男を**有頼**と言い、その嫡養子が**在衡**（892〜970　実父は有頼の弟大僧都如無970左大臣、薨去、贈従一位）であって、様々な物語の主人公に擬せられている――この家系の平安後期の唐突とも思える浮上に、それこそ重大な疑惑を抱かせるものが有るのだが、それについては後にする――。有頼・中正の姉妹になる**親子**の夫は三**条右大臣定方**（873〜932　歌人で、そのサロンに紀貫之などがいた）であり、その後継すなわち「**勧修寺藤原氏の第三代の氏長者**」**は土御門中納言朝忠**であった。定方・朝忠父子は歌人として知られる。
伊勢平氏の祖貞盛が、**若年**、**京に上って仕えたのは定方である**。これは、海音寺潮五郎先生の『平将門』という長編小説に詳しく描写されている。これに不思議な縁、連続性があったかに就いては正しくは解らないが、**貞盛の直系子孫を名乗る清盛が北面に在った時の上司が藤原遠兼であった。**

すなわちこの伊勢平氏と高藤流両者の上下の交誼関係は切れない話となる。或いは、武家出身の平家が、その閨閥の修飾の為に、清盛姉の嫁ぎ先として魚名流や良門流などの系譜を借用（仮冒）した過程を、そこに覗かせるかも知れない、と探りたいのであるが、どうであろうか。いや、これは面白いという発想からしているのではない。そんな小説家的な構想を致すには小生は明らかに才能に不足、苦手を覚える者だ。

定方の姉は醍醐天皇の御生母となった胤子（たねこ　母宇治郡司女宮道列子　985醍醐天皇降誕、93女御、97贈皇太后）**であるが、高藤流の興隆を齎して様々の物語を生んでいる。**

高藤の血を引く代表人物は**紫式部**（生没年不詳973?〜1014?　定方の娘が同族の歌人・中納言兼輔に嫁ぎ、その曽孫　道長正室の倫子の侍女。真面目で内向的の性格とされ、道長の寵愛を受けたとも）で、『源氏物語』の作者（断定されてるのではない。何故ならば、この物語には「古い種本」が存在するらしいのだ）とされている。彼女は同族の**宣孝**（?〜1001　正五位下）に嫁ぎ、男子を儲けている。宣孝には複数の妻や彼女より年上の男子があり、然も結婚生活数年で彼は卒去している。倫子の所生の中宮（皇后）彰子の家庭教師になったのはその後とされる。『源氏物語』の主人公「**光源氏**」**というのは高藤の性格印象からは大分違う**のであるが、物語の中の「系譜構造」からすれば彼のそれが一番近いと思えるのである。その問題のプレイ・

ボーイ性格は醍醐天皇の弟君の敦慶親王のそれに変えられているとすれば良いらしい（残念ながら、小生は未だに読んでない）。彼も胤子の所生である。何れにせよ、一族を思う紫式部の筆先振りを偲ぶべき所、これは貴族社会に共通する強い家柄所属意識に依ったであろう。

この式部の思いを更に彼女の女性である事から想像するに、彼女にとって微妙な異性存在が浮かび上がって来たとするのは変であろうか。

式部は高藤の血を引く事では同じの**源倫子**（964〜1053　87道長と婚姻。88長女彰子誕生。従一位、准三宮）の幼い侍女となり、後に一条天皇の中宮となったその娘**彰子**（988〜1074　99入内　10皇后、08後一条降誕、09後朱雀降誕、号・上東門院）の家庭教師として宮廷に過したとされるが、その周辺に倫子の姉の子**源成信**（979〜？　1004従四位上）がいた。式部とは近い年令であったと言えよう。然も『**系図纂要**』にも「**無双の美男**」と**記述されるほどの存在**である。

成信は倫子の夫道長の猶子とされて順当に昇進すべきであったが、どうやら衆道に迷い込み、挙句にその相手であったか、これも**彼と並称された藤原重家**（左大臣藤原顕光の子で、「光少将」と称された。父親の顕光は失敗続きで、最後は、道長に「至愚之又至愚」と罵倒されるほどの「無能者」の烙印があった。それが出家の最大の因であったか）と相具して出家の身となってしまった。穏やかでない。それで、式部が同時代に生き合わせた美貌の二人の在り様に対して色々と仮想して見たとて不思議は無い。この環境下に出来たのがその世界史的の名作だったのではないか、と、これが後世の同族としてのアマチュア的感想の一つなのである。

世界史的の女流作家とされる式部にはその為の顕著な動機というものが有って然るべきであろう。当時として、それが第一は家柄存在であったとして間違いあるまい。その系譜を意識しての内に、親類筋にある無双の美男たちの存在に対し、「天才」として、全くに興味あらざるものとしていたとは考えられない。溜め息すべきであっただろう。朝忠の歌の如くだ。

有島武郎は「女の天才」という言葉を使ったが、これは男の側から求めるべき究極の女性像で、「天才の女」とは違う。若しも式部が同族としてある能子（定方女　醍醐天皇女御　三条御息所とも云う）の如くの美貌を持ち合わせていたならば、そうなりえたか知れないのだが、「天は二物を与えず」と言う。まあ、式部は如何であったか知れないが、「道綱の母」の様に、美貌の才媛であったが故に悩ましい作家人生を送らねばならない者もいたのである。さりとて清和天皇の妃高子（たかいこ）や能子の様に勝手によろめくのも困るであろう。

次に、山蔭中納言女の嫁ぎ先・勧修寺（かじゅうじ）高藤家に就いて述べたい。

山蔭女の親子は高藤の子・右大臣定方に嫁いだのだが、そこに歌人として知られる土御門中納言の朝忠（910～66　高藤流の氏長者　?・?権中納言　?・?正三位）らが儲けられた。

名にし負はば　逢坂山のさねかづら　人に知られで　くるよしもがな
逢ふことの　絶えてしなくは　なかなかに　人をも身をも　恨みざらまし

歌は『後撰和歌集』『拾遺和歌集』に於ける定方と朝忠のそれである。

朝忠の弟に三条中納言と称せられた**朝成**（917～74　97中納言、00三位）と公卿には成れずじまいの**朝頼**（生没年不詳　葉室家などの祖）がいた。

小生が日本史的の大問題として取り扱うべきとしたいのは、朝忠の家系である。誰もしないからするのであるが、そうするに確かな義理もあり、氏族上、自家先祉の問題でもある。

朝忠女に**穆子**（931～1016　あつこ　「一条の尼」と称された）が居り、**源雅信**（920～93　母は宇多・醍醐朝の最高官の左大臣時平の娘　36臣籍降下、78左大臣。音楽に堪能で、一代の名匠也と謳われ、「朗詠の祖」とされる）に嫁いで**生まれた娘が道長正室の倫子である。**雅信は政治的には右大臣の藤原兼家に対しての「一上の左大臣」と称され、兼家を困惑させていた。これを往昔の日本の社会的風習の一つである「婿入り婚」から覗いて見る。

朝忠は噂になるほどの大きな屋敷「土御門第」を構えた。それを娘の穆子が雅信を婿にした事からこの夫婦の屋敷となった。そして雅信夫婦の娘倫子が兼家の子道長を婿にした事から、これまた屋敷の相続もなった。道長の代に第は一度焼け、拡張が行われている。その後、二人の子が一条天皇に入内して皇子が生誕なされ、「**里内裏**」と称された如くに皇室の所有に帰したのが、便宜に藤原摂関家の政務所として使用される事となった。

所が、後世、戦乱で皇居が焼失した事から「仮の皇居」となり、それが永続の観を呈しては**終に近代に至り、今に「京都御所」と称されている。**恐れ多い事はもとより承知であるのだが、不備を続けながらも、朝忠の子孫としてこの系譜を担うべき確かな「義」があり、その第一内容をこの日本史的の大事に有るとしなければならないのである。

こうした大きな歴史を扱うというのは楽でない。それが誰にも代替がきかないのか、次から次と日本史の謎解き係にされたが如くに、史料、資料、思料とばかりに持ち込まれる。

何れにしても、皇室、良房後裔の摂関家、勧修寺高藤流、魚名流、宇多源氏の閨閥から生れた数々の歴史事象は、今日にあっても不滅の遺象としてある。故に、この中には、武家時代の出現・都合による隠蔽された事柄で、更に重大なものを探す作業があっても可であるべきを、以上に述べて来た事から是認されねばなるまい。

朝忠の後の直系家督問題などにも変異が有りはしないか。

朝忠が生前に望んで猶子とした人物がいた。従四位上の宮内卿・源国淵（生没年不詳　清和天皇第一皇子貞固親王の王子　源姓を下賜されて朝忠の養嗣子となり、藤姓に）**である。**皇族を猶子にするという発想はやはり珍しいらしく、藤原摂関家にもあるにはあったが、中々探しても無い。国淵のあり方は臣籍降下のあり方の一つの嚆矢であったか。この最も早い時期の意図には、外戚の地位を重ねるべく画策しての定方の秘かな目論見を継いだものがあったのであるか、興味深いものがある。

国淵は**貞固親王**（?～930　884常陸太守、887大宰帥）のひとりっ子としての王子であろう。貞固親王の兄皇子とされる**陽成天皇**（868～949　御母は大納言長良女の高子）は実には第二皇子であられるのに、即位されたのは、天皇の御母が**藤原長良**（802～56　基

経父　贈正一位太政大臣）の娘であるのに対して、貞固のそれは**橘休蔭**（非公卿）という生母の出身性によったであろう。所謂、藤原時代なのだ。美貌を伝える高子は奔放ながら素敵な近代的性格であったらしいが、清和天皇の皇太子時代の妃の地位を追われている。

陽成天皇は御母に似ておられてか、基経らのコントロールが効かない特異のご性格であられ、藤原摂関家の恣意的工作によって廃位に追い込まれた。その退位時の御年が十七歳、崩御が実に八十一歳であられたのは御いたわしい事であった。御退位に就いてはその病的御性状を以ってしてのみ論じる事は出来まい。やはりそこに藤原**基経**（８３６〜９１　７２右大臣摂政、８７阿衡の変、贈正一位）の至極の非を指摘せねばなるまい。「君は君たらずとも臣は臣たるべし」という君臣道である。それが足りなかったのではあるまいか。

陽成院の後は、案の定、基経の母方従兄弟の**光孝天皇**（８３０〜８７　御母は魚名支流の総継女　８４基経の支持により登極）が即位なされ、基経に全く従順であられたのである。すなわち、陽成院の御性状というのは事前事後の環境工作によったものであったらしいのだ。基経のその陰険な恣意性は後の兼家にも見るべきものであった。

さて、朝忠の養子となるべく、国淵王は段取りとして先ずは源姓を賜って臣籍に降下し、源国淵と名乗った。いつの年かは分からない。公的の生涯記録は「従四位上」の「宮内卿」としかないのだ。今書き始めたものは概ね「丹波足立氏系図」と「小生の家についての口碑」に基づいている。現在までの埼玉県地方側の書き物や話には、何故か、こうした「最高公家的のもの」は存在しない。因みに小生の家代々当主の通称は、多く、「藤兵衛」である。**丹波では、国淵の名を「資忠」と変えたとしている。**その丹波系図の欠点は例えば第十代までの年月を数えるに他氏に比べると、一、二代の代数不足が顕著である事だ。いや、これを質すに、もう一度、名（諱）を変えたという事柄に戻ろう。

大宮氷川神社の「武蔵氏系譜・西角井氏系譜」のところで調べた事を、この「丹波足立氏系図」にも適用しなければなるまい。**井沢元彦氏の名著『逆説の日本史』に学べば、当時の諱すなわち実名のあり方には「タブー」があった。**すなわち親の付けた字を子が踏襲する事は不文律の如くに避けられていたという、禁忌的のものが有った、とのその御高説から察するに、朝忠の子が資忠となる如きの「通字」は無いという事である。

当時の藤原一族の系譜図を改めて考察してみよう。

藤氏長者の摂関家で父子の通字を見るのは兼家（929〜90）と道兼（961〜95）の「兼」が初見である。その道兼は世に「七日関白」と揶揄されて変に有名な人物であるが、まさか慣習を破ったが為の「崇り」ではあるまい。これは冗談であるが、とにかく藤氏一族では嚆矢であった。

それに続いたのは道兼の兄道隆（953〜95）とその四男隆家（979〜1044）の「隆」である。道隆の子の内大臣伊周、一条天皇皇后定子、中納言隆家は道隆弟の道長との抗争に敗れて没落を余儀無くされている。

通字というものを忌避したかどうか小生には分からないが、道長は継嗣の「よりみち」には頼「通」と付けている。頼通（992〜1074）は二人の娘を皇后にする事は出来たが外戚にはなれなかった。然しながら後世までの摂関家の血脈は残した。

道長流で一つ見逃した。道長の六男長家（1005〜64　母は源明子であるが、道長正室の倫子の養子という特別の優遇を受け、正二位権大納言になるも、兄たちが健在の上に自身が一番先の薨去であったので、極位がそれに止まった）である。後世的の系図からすれば長家は祖父兼家と父道長の名から一字ずつとって付けたと当たり前の解釈をするのだが、この頃はやっと新しい現象と意識され始めたばかりのものだった筈である。

「父子間の通字という新しい風潮」は、年代的には十世紀の後半から十一世紀の前半に始り、段々に一般化して行った様に見える。

藤原氏の場合、その先、真楯の玄孫真夏とあるが、それは何だと言われるか知れないけれども、真楯の本名は「八束」とされるから良かったのであろう。では北家の先祖房前とその玄孫良房はどうかと問われれば、それは代が離れているとするしか言えない。

何れにしても、井沢氏の御説を以って各氏の系図類を見渡せば、面白い事実に出くわす。例えば武家平氏のそれであろう。

桓武天皇皇子の**葛原親王**（786〜853）に先祖出自を持つのは良いとして、その御子が**高見王**（生没年不詳）、その孫を高望王（生没年不詳）としているのだが、通字のその一般化が十世紀末から十一世紀初頭の生まれの人たちからと言う線引きに照らせば、葛原親王の御子が仮に853年生まれとして、その御子を七十年後の923年、その御子すなわち高望王のそれも又その七十年後の**993年**という事として、さあ、これならば間違い無しに合格ライン内である。

でもこれは極端な仮説である。いや仮説とはとても言えない代物だ。一代にて約七十年を三代続けると言う設定でこうなのだ。然も実にはこの高見流桓武平氏系図は、高見王から正盛（清盛の祖父）まで八代にも亘って、生没年不詳となっているのである。加えて、高見王や高望王の御母の名さえ不明ときている。この間、生涯事跡が全く不明とされる高見王を除いては、全員が五位以上の国司階級などに列しているとされ、普通ではない。

これは疑わねばなるまい。それで確かに疑いの目は高見王の実在に対して向けられている。否、武家平氏の出自そのものを「**仮冒**」すなわち「捏造」とする論が多いのである。武家平氏の系図を見て歴史家が一番に問題にするのは高見王のそれであるが、次に多いのは、残念ながら二人とも存在しなかったというもの。**だが、従来にはこの問題を「通字」のそれとして取り上げた方は居られない様である。**

井沢氏の御論説は画期的のものと言えよう。氏の御出身は早稲田大学だが、文学部でなく「法学部」である事に注目すべきであろう。それが従来の学説に対し、「独立事象」的の研究結果を齎されたという事だ。思うに文系専門家集団というのは、多くは虚偽を含む「歴史的積事象」を重んじ過ぎるに見える。再三指摘すべきだが、それでは「近代科学としての歴史学や文学」は育たない。

当方はと言えば、もとより学問というのは決して血筋ですべきものではないと承知している。これは民主主義的の原理であるからだ。だが、「自白も有効」であると法律学的にも認められる様に、証言、物事のベールを取り除くべき「血筋によるぎりぎりの証言」を採用する必要性もあるであろう。「歴史を血筋で語る」というのはそういう事である。「氏より育ち」というのは偉大な真実であるが、それとこれとは違うのである。

「通字問題」という点では、清和源氏を主張する貞純流にはそんな異常は無い。

貞純流摂津源氏の頼光頼国父子、河内源氏の頼信頼義父子は何れも子の生年が十世紀末と想定される。ところが、この貞純流には貞純親王自体の出自性に疑いがあり、親王は清和天皇ではなく、その御子の陽成天皇の皇子元平親王ではないかとの論が昔から強くあるのだ。**それをお気の毒とばかり言ってられないのが我が朝忠の後裔系図である。**

朝忠の生年「910年」という年代性に改めて注意して頂きたい。家系世代と生涯年代は兼家の父師輔（908〜60）のそれと略同じである。すなわち朝忠と師輔は共に冬嗣の玄孫であり、年齢も二つしか違わないのである。言うなれば、朝忠の養子国淵の世代は兼家と同じであるという事だ。

兼家と子兼隆の通字がこの家系での嚆矢であると先に書いたが、朝忠と国淵改め資忠の通字は更に一世代早いとしなければならない。

国淵王が朝忠の養子になった訳を想像するに、恐らくは貞固親王（868?〜930）の晩年時の一人っ子という事にすれば、その生年はたとえば925年辺り、という事で良房流同世代の兼家（26年生まれ）と同じとなり、養父（或いは舅）の朝忠には十五歳の年下になる。

これならば無理ではない。

そしてこれにもう一つの想定を付して頂きたい。国淵の名であるが、資忠とは改名していないという事である。朝忠が望んだ皇族王子である。皇族時代の実名を強いて変える必要は無かったであろうし、未だ時代としてもそれ、通字を忌避していたのだ。

これらの想像・仮定は無理矢理にしているのではない。常識的な推論を以ってしている積りだ。

さて、それで結論を出さなければならないのだが、朝忠の嫡養子となった国淵のその子が朝忠の忠を取って資忠と名乗ったとすれば、年代的には兼家の子の道兼の961年と同じくらいであろうから、ちっとも異常ではないという事に成るであろう。代数不足もこれで補えるというものだ。ま、それにしても千年以上も後の子孫に、他ならぬ「系図」に就いて、まさかクレームが付くとは先祖も思わなかったに違いない。

紆余曲折、五十年以上掛かりました。財産を愚物としなければ適わぬ事でありました。

皇室におかれても通字の習慣は遅く、例えば現在にも用いられる「仁」の付く「御諱（実名)」は清和天皇（850〜80）の「惟仁」親王が初見であられ、次が醍醐天皇（885〜930）の「敦仁」親王であられる。お二人は父子の関係ではなく鎰従兄弟（いとことはとこの中間?の関係）という遠い関係になられる。又、それは「通字」というよりは「系字」と言うべきものであろう。「系字」とは父子ではなく、兄弟、従兄弟などでの共通字であり、これは古くからあったものである。そこに呪性は無いと思われているからである。

皇室におかれての確かな「通字」は後三条天皇（1034〜73）の「尊仁」親王とその皇子白河天皇の「貞仁」親王が初めてであられる。二人の弟皇子も夫々実仁親王、輔仁親王として通字が見える。この場合、ご兄弟間では系字であられる。

系図操作に於いて、清盛公が最も腐心したのは彼の姉婿の出自系譜であったか知れない。小野田兼広、国廉、藤原兼盛などと多様に記述されるが、ひょっとしてこれが我が一族のそれに直接的に波紋している様にも思われる。これも重大であるが故に詳しくは後述する。

武家史上、日常的に天皇、上皇にお会いし、寄進のご要請に応じ続けた清盛は十分の自制心有る存在と想像してみたい。清盛に異常があったとすれば、それは後白河院に起因なされるものが多かったと推量したい。彼の信西がそれを何よりも知っていた筈だが、早く命を失った事が惜しまれる人であった。改革実行者として犠牲になったのだ。

武家が威権を必要以上に高めたのは足利将軍第三代の義満の時分であろう。江戸期の武士も威権を以ってしたが、これは「天下静謐」を図り、維持する為であり、必要のものであった。

殆んどの武家はおのれの家の系譜の由来を知っていた筈である。

徳川第三代将軍家光公は武士の出自的轆を絶つべく、総ての武士たちに系図の提出を命じた。では無いものは如何したのか。ヘン、「作れば良い」のであった（神様の多くは木石で出来ている）。そしてその後、そうした過去の古典的悩み事から解放された江戸期の武士たちは道徳性を高め、庶民から真実畏敬される為政者へと成長したのである。これは世界政治史上の奇跡に属する。或いは人類の知恵とはこうしたものなのか知れない。嘘も方便、誰をも大して傷つけていないのだ。後世、伊藤博文と山県有朋は互いに驚く系図を作った。

江戸期の武士は、為政者としての道徳精神に於いて、往昔の公家を遥かに凌ぐ世界史的存在であった。「氏より育ち」とはこの偉大な現象の事であろう。氏は石でも、祭られれば神様なのであり、そこに人間の改良・創造という能力の真価がある。而してこの場合、「偽」は「人為」であり、必ずしも悪ではないのだ。これが公家と農民の家歴しか持たなかった小生の偽らざる評価であり、武家への畏敬と賞賛である。小生は歴史を紐解く時、これを忘れない。忘れれば高貴の人道を失う。育ちこそが珠玉なのだ。

ところで遠元家であるが、清和天皇第一皇子の男系嫡流系図であるにしても、或いは醍醐天皇外戚藤原高藤のそれであるにしても、はたまた藤原魚名流のそれにしても、面映ゆいほどのそれであり、読み物での大通説になっている源家累代の家臣・足立郡司のそれとは全く違う。どちらでも良い程であるが、足立郡司説は武家地位の上昇とは逆の理不尽のもので、社会学的に正しくなく、諸般の悪徳を助長するものであっただろう。小生はその弊害をつぶさに見て来た。その様な「歴史操作」が国家社会から気品を奪うのだ。足利期が戦国時代を齎したのには、そうした「社会的の下克上」という風潮があったからであろう。

　ここで話は後先になるが、さいたま市の小島官太夫家の墓石には「源姓」としたものがある。如何いう事でしたかは判らないが、**遠元**が国淵の直系という事であれば、「先祖の元の姓」に戻して記したとして、そこに誤りがあるとは言えない。ただ、この場合、武士の世の事であるから、官太夫家が先祖遠元と「佐殿頼朝公」との関係の深さを強調するべく、書き入れたと思うのである。その所持する「小島宮内少輔正重家由緒書」には「佐殿」の第一、二位の家臣である事が特筆されているからだ。

　鳥羽、崇徳の近臣として在った遠兼の武蔵守在任の任期に就いて更に調べたいが、これに就き書かれたものは無い様だ。それでこれも探索義務を負っているとしなければなるまい。資料が無いとは言えない。インターネットで「武蔵守」についての検索をしたところ、これをするに有難い記事が載っていたのである。それに年月と国司の名がきちんと記されていたのだ。

　藤原遠兼の名は案の定無かったが、それを認めて思わず小生は「占めた」と思った。小生はかねがね**遠元の生年**は１１２５年辺りと踏んでいたのであるが、その年表に於いては該当する年月前後の国司の名が省かれていたのだ。**改竄・隠蔽の様相、**これをずっと追って来たのである。我ながら予感が見事に当たっていたという訳である。その年表からその該当年辺りの国司を挙げてみると、次の様になる。

藤原行実　１１０３
源顕俊　１１０３
藤原長賢　１１０４
源義家　１１０８
高階経敏　１１１２　**中途退任**
　　　　　１１１２　**守名不明**（これこそは武蔵史上最大級の発見とすべきもの）
　　　　　１１１２〜１１１６　権守　紀為宗
藤原通基　１１２７〜１１２７　12月因幡守
　　　　　１１２９年２月任　権守　橘盛賢
　　　　　１１２９年10月任　権守　橘章友
藤原信輔　１１３５
藤原季行　１１４２〜１１５０

これを見れば、１１１２〜１１２７年の間に限って、国司が権守の名のみで、正任の守の名が落ちているのである。**この期間の中に藤原遠兼の名前を充当すればピッタリと合うというも**

のだ。簡単すぎる作業ではないかと批評されようが、少なくとも関東史、鎌倉史に重大影響を与えるべき「武蔵史の最大焦点」といって良いもので、出来る事ならば小生より遥かに早く取り組んで貰いたかった最枢要課題であったとしたい。一族の苦しみは偏にここにあったからだ。この事さえ分明であったならば、**遠元存在**の歴史的役割に就いての論及は、間違い無しに、想像を超えるほどのものが積まれていたであろう。

単に一族の事として申すのではない。**これと同じのともがらが決して少なくないのであり、社会史に現れる差別・憎悪の元凶の姿がここにも確かにあり、恐らくは「武家による公家追い落とし工作」としてあったものであろう。**すなわち、こうした被害としての家柄過去は小生一族に限るものでなく、勝敗あるところ、普くあったに違いない。歴史の歪曲はその民族の品性に関わり、真の文化的成長を妨げるのであるが、悲しい事にこれが後を絶たない。

豊島氏から遠兼に譲渡された「足立庄」というのは広大なもので、現在の埼玉県さいたま市と東京都足立区の全域がこれの該当域で、豊島氏、否、武蔵武士、東国豪族らの遠兼に対する期待を承るものである。遠兼と彼らの好誼性が今でも見える様だ。

すなわち、遠兼の将来性は諸大夫に留まらず、公卿に昇るという予見が彼ら関東の豪族層にもあったと思われるのである。こうした推考は当の子孫が最初にするのは避けたかったのであるが、誰もしなかったのでは仕方ない。血筋作業だけでは学問性に悖るべし。

後世、絶える事の無い遠兼、遠元の事跡消去のあるべきは、公武の階級闘争から当然であっただろうが、それが最も甚だしかったとの想いが小生には有る。天は多くの有益を小生から奪っているという苦しみを思うと同時に、それに勝るところの「歴史に於ける義の回復」に大いなる恵みを以って導くらしい事も実感する所である。

遠兼・遠元父子の系譜を総括すれば、この系譜は高藤・定方・朝忠・国淵・資忠という醍醐天皇の外戚勧修寺流の本宗である、と正しく想定すべきであろう。そうすれば、一族系図に見える「内舎人」やら、「蔵人」「山城守」「院近臣」「公家北面（武家の北面は夫々の軍団を率いていた）」として武士の軍団を統御していた事やら、全て理解出来るというものだ。

朝忠の継嗣であるが、朝忠には理兼という悪名の高い男子があった。理兼は962年に備前守として現地赴任したのであるが、そこで荘園史上最悪の「**鹿田荘破壊騒動**」という大事件を起こしている。986年の事であった。それで「放氏処分（この権限は藤氏長者にあった）」すなわち藤原姓を取り上げられる処分を受けたのである。それかあらぬか二人の男子は朝忠の弟の家筋の養子となっている。この事は朝忠のあずかり知らぬ事であった。何故ならば朝忠はその二十年も前に薨去していたからである。さて当然に問題がある。

古代でなくともそうであるが、その時代、仏教が国教であった。その仏教というのは元をただせばインド発祥のそれである。そこに原初的の性格がはっきりと伝わっていた。

古代インドの発展は、西方から伝播した鉄器による急速の農耕（その従来、インドの土質は硬く、木石器では叶わなかった）中心社会の形成にあった。農耕民というのはどこでも次第に保守的文化運営に偏る。而して伝統のそれを守り続けんとする。具体的には先祖崇拝・供養である。

その純然たる宗教的性格が日本にも持ち込まれたかといえば、最もそうした。先祖に対する祭祀供養が子孫にとっての最大の義務となっていったのだ。二人の男子をいくら親族とは言えど、他家に呉れたらば後はどうなるか。仏教の教義が許さぬ筈なのである。

そこで肝要な伝承が「丹波足立氏一族」にあるのである。朝忠が国淵王を望んで猶子としていたというものだ。朝忠の生年は910年であり、国淵王の父貞固親王の薨去がその二十年後の930年である。その二十年の間に国淵が生誕していると考えるのが自然であろう。そこで、朝忠に男子があり、その男子に二人の男子が有ったとされる家に、他家の子が嫡養子となるケースをどの様に解説すべきか。ここに興味深い現象がある。定方の墓石が野ざらしなのだ。朝忠は勧修寺藤原の氏長者になっているのであるから、当然、右大臣定方の継嗣であるべきだが、後世、その猶子の系譜とされる遠兼・遠元の家が歴史的に没落し、定方に就いての祭祀継承権があやふやとなった事が想像できる。第一、この野ざらしとなっている定方の墓石の建立が享保年間というのであるから奇妙である。やはり問題を秘めた家系であると思う。

人間価値の大要はバランスにあるが、これを保つには「万人が共有すべきものとしての読み・書き・そろばん」があるのである。**数学は非論理を許さぬが、予想以上に、広く回答範囲を提示してくれるそれでもある。**

養子には婿養子というのもあるが、家系を飾る為に高貴の筋から子を貰うというのも解答として許容してくれる。又、五歳しか違わないもの同士でも、義理の親子関係としては認めてくれる。もっと沢山あるのだが、この朝忠と国淵の親子関係を認めるにはこれだけで十分であろう。邪まな思いを去れば難しい事など何もない。

高貴の子弟と書いたが、朝忠の父右大臣定方にはそうした志向が強くあった様である。それはそうであろう。醍醐天皇が即位されて二ヵ月後に定方の父高藤が薨去し、その後に定方の兄**定国**（866〜906　従二位大納言　902大納言）が外戚の立場を襲っているのだが、「菅公の祟り」という事で早世し、その後の外戚という重大な立場に定方はあったのであるから、下手な姻戚作りはしなかった筈で、変な話と言うべきか、娘能子（?〜964　三条御息所）が「醍醐天皇の女御」、天皇崩御の後は「関白太政大臣実頼正室」としてあったのだ。実頼は藤原摂関家の正嫡である。これを見ても皇室の外戚というものの威勢というのは凄いものである。

そこへ清和天皇第一皇子貞固親王の遺児・国淵王の境遇存在、「孤児存在」が出て来たのであるから、養父名乗りをしない法は無いのである。それでその時期などであるが、或いは「病臥していた皇子の枕元での朝忠との約束があった」であろうとしてそれを基と仮定し、その不思議はなかろうというもの。子孫とすればその様な解釈あるのみ。

「鹿田荘破壊事件」のその翌987年、堂上でもちょっと変だなと思う事が起こった。

それが「奇異を思わせる婚姻」であった。勿論、その折には関係の貴族集団の間の話題として限られたものであっただろうが。いや、であるからちっとも変ではない、驚いただけのものだ。

理兼の姉妹の穆子が、左大臣雅信との間に生まれた娘・源倫子に対する右大臣兼家の子道長の結婚申し入れに、「快諾」を与えたのである。穆子の夫も道長の父もそれには「口あんぐり」であったとか。**倫子を得た道長は、生涯、穆子を畏敬し続けたと云われる。**

倫子は朝忠の外孫である。理兼の姪である。理兼は悪人である。雅信と兼家は政治的に位一つ違いの立場で緊張状態の多い関係であった。双方共に「とんだ事になった」と驚き合ったという次第だ。

それはまあ目出度い話であるからそれで良いのだが、鹿田事件の真相はいまだに謎であるとされる。**花山天皇を「お為ごかし」を以って御出家へと誘い、確実に御退位へと貶めたとされる悪逆が伝記として『大鏡』にあるのであるから、これを忘れてはならない。**

道長は二十三歳の時の988年、参議を経ずに権中納言に列せられ、岳父雅信のその健在中の991年に権大納言になって見せた。謹厳な雅信とて喜ぶまい事か。995年、摂政関白に準ずる「内覧」の宣下を受け、右大臣・藤氏長者となり、996年左大臣、という様に超エリートの道を歩んだのである。

道長が摂政に宣下されたのは1016年であるが、その翌年には子の頼通にその職責を譲り、家の永続性を図るべく従一位に昇叙され、さらに太政大臣宣下があった。それも1019年に悠々辞任して出家という様に、見事な経歴を残した。

雅信は道長の大納言就任を見届けての薨去であったが、穆子のそれは1016年のそれであり、八十六歳の長寿を全うしてのものであった。女婿の目を見張るべき華麗な昇進を十分に堪能し、至福なる事この上ないものであったであろうが、倫子のそれは１０５３年の九十歳であった。その間、１０１６年に、倫子は道長と共に准三宮となっている。

理兼の姪の倫子の生涯はその様であったが、道長成功物語の青写真を作ったのは道長の姉・一条天皇御母**詮子**（９６２〜１００２　円融天皇女御　９８６皇太后・東三条院）であった。詮子は兄たちより五歳下の弟道長を愛したのだ。そうではあったが、他方、「**鹿田荘破壊事件**」には天皇親政を将来的に実現すべく、９８５年、「**永観荘園整理令**」に着手なされた花山天皇を挫くべく画策した「兼家の恐喝目的が込められていた」、と想定すれば当時の諸状況をより分明に説明し得ると言える。理兼は兼家の道具として働いた後、没落したのだ。**謎と言えばその没落にあるであろう。何故ならばその後に兼家の全盛があるからである。**

その頃には国淵も既に成人していた筈であり、宮内卿という帝のおそばにあるべきところを、極小記載であるからどの帝に仕えたかさえも定かでない。源国淵も源経基も同じ清和源氏で従兄弟同士であるとされるのに、公卿身分の国淵よりも地方官の経基の方が遥かに細密な経歴が施されている。その様に指摘されれば誰でも可笑しいと思うであろう。それらは例によって記録の隠蔽・抹消によるものであろう。何度も言うが、朝忠の家は初任が内舎人である場合が多く、その都合上、「**日記の家**」として名高い存在であったから尚更にその様な不詳性を疑うべきであり、非常な奇異と申すべきである。

道長世代に五代ほど遅れ、ある歌会に臨席した遠兼が、（後の右大臣であるところの）源雅定に、部下（後の西行）の歌を紹介した光景を思い浮かべるに、然もありなんとしたい。すなわちその「席次の光景」を想えば、「軍記物」とは同じ感覚になれないのだ。両人の間には、過去に道長の姻戚を巡っての身内同士であったという雰囲気が十分に伝わって来、何と無く、その場を子孫として味わう気持ちになれるのである。互いの親近感というのは位階を超えるものでもあろう。

小生の父の葬儀の時は、私的のものであっても旧住民の全戸主が参加したものであり、正に「古の天皇が皇別に対するお言葉に盛られた『小天皇』の存在性」を具に見た様なであり、又これがこの地域の最後の封建的「席次光景」であった。その施主は愚兄が務めた。

雅定と遠兼の会話は皇別同士の健全な精神道徳を示し、見せてくれるものとして、貴重と思うのである。（今は違うが、）貴族社会というのも良いと思うのであり、平家の公達が「見るべきもの」といった言葉が懐かしく思われる。

藤原氏にしても、源氏平家にしても、原初の出身性は変わらぬものとすべきだ。ただ登場する順序が互い違いに成っただけの事であった、と。本当はこうした解釈が一番平たく、良いであろうとつくづく思う。

遠兼は領家職であったと書く記事を、正直、好んで見て来たが、そうした事実を裏付けるべきか、**旧足立郡内には「領家」という地名があちこちにあり、他郡では見られないものである。**

往昔の住民のその事に対する意識の尋常ならぬ事を今に語るべきものであろうか。

対してはこれを全く無視しての歴史記述があらましなのであるが、不審・不適切以外の何ものでもない。武家説の者らには全く無関係の事柄であったろうが。同時に遠兼の子遠元についても領主職（これも概ね公家であった）と書かれており、対比的なものを感じながら、遠兼の身分の高さの事実を推し測ってきたのであるが、不実の歴史書ばかりであった。それまで二人の職位をはっきりと記したのが「丹波足立氏系図」である。が、公家論が不十分で、遠元の本当の官位官名というのは先ずは「不明」とすべきであろう。一族にして気付かず、知らずでは情けないというもの。

鳥羽院や崇徳院の近臣として在ったとされる遠兼は、武蔵の正任の国司として赴任した時、武蔵在地豪族の第一人者である豊島氏から、その娘を「現地妻」として提供された。そして生まれたのが遠元であった。遠国の豪族という身からすれば極めて名誉な事であっただろう。そうした時代、世の中であった。それで、孫（其の時、遠元の他にも孫がいた可能性は十分ある筈だ）の為にもと、遠兼に広大な所領が譲渡されたと伝える。

書いてる如くに、現在の埼玉県さいたま市と東京都足立区の地域がこれに相当するが、当時は「足立荘」と言っていたらしい。何れにしても何度も言う様に、遠兼の京での将来性に対する現地勢力の期待のほどが偲ばれる歴史状況である。すなわち、中下級公家に留まるべき存在ではなかったのである。このような様相が覗えない筈は無いのに如何したものか、今日までこれに言及する書物が殆んど無い有様である。飽く迄アマチュアの作業に任せるのか。**これは、ただそれが他人事であったからというのではなしに、逆に、それを十分に意識しての遠兼と遠元の事跡に対する隠滅消去、延いてはその系譜への平凡化目的の改竄圧力が、公武双方の利害関係者から有った事を示すものではなかったか、と思うのである。**

その工作時期は短期間であったか知れないが、徹底したものであっただろうし、然も数度に及んだものであっただろう。何れにせよ、**歴然たる階層闘争**（一部は同族同士のもの）**であっただろう。こうした行為は粘着質のものである。**人の出自に関わる事はどうしてもそうなる。この日本国に於いてはたったの昨日まで、千年以上も続いたものなのである。封鎖的の島国の特別現象かと申せば違うらしい。既に歴史は何処でも道具としての存在と化しているのだ。今日では国際間にもその様な範疇で客観性を与えられ、様相が非常に眺望し易く位置付けられてあるものだ。だからこそその客観性に精度を与え、止む機会を与えねばならない。その為には権力側の、或いは反権力側の道具としての曲学的の文学や歴史学など、これを要らないとすべき時である。ノーベル賞などをも含めて、欺瞞に満ちた賞など要らないのである。

遠元の地位は、清盛政権の出現という時代制約からすれば然程に高いものでなくとも不審とすべきものではない。反平家でなかった公家一般ですら地位の上昇には滞りが激しかったのであり、ましてや「平治の乱」に信頼側（公家遠元の立場からすれば、源義朝側という言い方は全く可笑しいものである。第一、義朝は未だ信頼の道具存在であったであろうよ。歴史家はこの阿世性から正さなければならない）に付いたと書かれる彼の場合、これは望めない。だが、当時の遠元の所属先などに就いても、やり直しが必要なのである。

治承四年（１１８０）の平家討伐戦開始の時点では少なくとも六十歳には達して居らず、その存在の重大性から、鎌倉覇府成立後、官位の急激な上昇があったとして不思議ではなかった筈だ。

その以前にも、いやしくも後白河院政の最高官すなわち総理大臣格とでも申すべき光能の、その岳父とされていた存在であったのだから、無官であったとは考え難い。いやそれでも良いが、縦令光能薨去の状況とは雖も、その後の鎌倉政権樹立期にあって、その鎌倉と京の朝廷を結ぶ特任存在に**まさか「六位で地方定住」**というのはあるまい事だ。

この問題を解くに、鎌倉市から送られて来た歴史資料に謎の公家別邸があったとするものがあり、これを見た瞬時に感じた。「或いはこれではないか」と。状況的にはこれが最も合致しているとの思いは、深まるばかりであった。

光能の子・従二位光俊も、「承久の変」後の後高倉院の最高臣であるが、これは遠元もその頃には存命でない。

思うに、公武の交叉点に位置し続けた遠元は、時局時局に中って、有るべき中和的立場が誰よりも求められるべき存在ではなかったかとしたいのである。彼は京の政界に歴史的な公家として確固とした基盤を持ちながらも、母を坂東の豪族の娘とし、妻を清和源氏嫡流の頼政の娘とし、更に院政の中枢と姻戚関係にあった。それでも豪腕とは決して言わない。謂わば、新旧の時代の入れ替えの只中に、公武のど真ん中に位置して気配りの調整者に任じるべき唯一の人物であった。

彼にとっては平清盛は本来的には誰よりも交誼を通じるべき友であり、源頼朝は導くべき教え子であった。この様に総てに於いて出来過ぎた構図は奇跡的のそれなのである。

であるから、時局が定まれば、生きている限りは官位官名の上昇、死しては贈位があって当然の存在であった。以仁王の挙兵から少なくとも２７年は生きていると推定されているにも拘らず、それが一切無いというのは、**歴史が改竄されているとしか考えられない**。それは、「敗戦後の今日のそれと同じの措置状況」と思えば深く認識し得るものであろう。

清盛の父忠盛は自分への行賞を清盛に譲っている。成る程それを参考にすれば、遠元もそれを孫・子に向けているという事は想定出来る。その上で「六位の左衛門尉」というのが有ったではないかとダメ押しされるに対しては、「誰へであろうか」と問い返したい気持になる。父遠兼にいたっては、公卿に達しているのにも拘らず、六位相当の民部丞という微官に留められている。これでは九階級も十階級も違うではないか。

誤魔化してはいけない。武蔵の足立郡司ではなく、その身辺に公卿やその直前の身分の家族身内を数多従え、皇室にも近距離姻戚の公家の身分であったと申しているのだ。彼の足立郡司でさえ伝統的には五位であったのだ。遠兼や遠元の事ばかりではなく、外孫の光俊に就いても同様に最小記事扱いである。

承久の変後の「**後高倉上皇**」と申されるのは、たとえ短期間であられたとて歴史的異例の御存在であり、その院司というのは軽く無い、と言うよりも時の人々にとってはやはり関心深いものであったであろうし、誰でも良いというものではなかった筈だ。

「承久の変」を齎された**後鳥羽院**（高倉天皇第三皇子　御母七条院　1183即位、1202上皇院政、西面武士を新設、21承久の変、42崩御）が隠岐島配流、後鳥羽院皇子**順徳上皇**（1197～1242）が佐渡、**仲恭天皇**（1218～34）が廃帝の扱いとなされ、多くの方々が不在となられた皇室に於かれて、先ずは何方を天皇に推戴するかという重大問題が鎌倉覇府に課せられた。

皇位を期待されたのは高倉天皇の第二皇子**守貞親王**（後高倉上皇　1179～1223　御母時明院基家女陳子　出生地は大舎人頭藤原兼盛邸。行助法親王として出家）であられた。安徳天皇の弟殿下で、**兼盛**（初め信西の父経敏の家来、後、大舎人頭）のもとにお育ちになり、乱に際しては無関係だったからである。はて、ここでも兼盛の名が出て来るのだが、何者であろうか。清盛・盛長人脈？　これは今は置く。

所が、そもその訳が問題となった。既に出家の身であられたその現在の御身分自体だ。それで、次策として親王の御子が皇位に登られた。**後堀河天皇**（1212～1234　22即位、32上皇）であられる。新皇が御年十歳と御幼少に過ぎるので、「**治天の君**」として**出家の身の**

守貞親王が上皇となられたのである。皇位に登られなかった初めての上皇とされる。

後高倉院の院司に就いたのは後白河院の院司光能の遺児光俊である。彼に就いてはいかなる書物にも詳しく書かれた事が無い。この時代、天皇親政派の清盛の樹立した一時期を除けばずっと院政時代なのだ。院司に就いて全くの不言及では足りまい。その任期の長短は確かに関係するであろうが、それが理由では政局の機微が失われる。これは光能を語るべき時もそうであった。いや、光能の後任人事である**光房**（光能の叔母の夫であるが、遠元の推薦があったと推定される）の登用理由にも感じられる事であった。嫌われたのは何時でも遠元人脈の存在である。だから巧妙な切り離しや短述が用いられているのだ。

だが、当時的には光能父子も光房も北条時房も皆近い親類同士である。やはりそうした人脈を表出してのものでなければ、**「歴史の様相」**を推知出来ない。現在の鎌倉市の有力の方が、遠元の女婿の一人であったところの**北条時房は別格であったと**仰っておられたのであるが、意を得て感激した。と同時に、では今までの歴史のあり方というのは何だったのか、とこれも允に呆れたくなる話であった。**それを縁者として強く感じ取っていたのだが、これは一廉の学者や作家であっても、「部外者」には容易に知りえぬものなのだ。**

時房についての肝心の氏族内順位、すなわち北条一族と限っての位置付け、これが正しく論じられておらない。これを探れば分家に発した「得宗」の地位は武家政治の絶対拡大上の産物であり、当初の家柄性を葬るものであった。**長期の武家政権下に仕上げられていった歴史とい**

うのは、斯く総てを問い直さねばならない。良いにつけ悪いにつけ、これが家柄社会での最大の問題である事が単なる文献主義者には解っておられない。小生には従来からする本能的感得によりその様に思えていたのだ。否、小生にとって真実に迫るのは全て直観なのだ。

時房は武家北条氏本宗としての存在振りに加え、その時分には公家としてのそれ（異説、北条家は清盛の伊勢平氏とは違い、公家の出であると称していたとあるが、それに就いては判らないとしたい）も十分に意識していたとしなければ、帯びた不可解な社会性を解く事が出来ない、と、これが姻族としての見方であった。

幸い時房の件は既に当該の市でも同じく感得なされていて安心したのであるが、要するに従来は「遠元人脈に対する扱い」が往昔より一貫してぞんざいになされ、結果、益々遠元一族の群像が希薄となり、記述が安易と成っていったのである。堕落行為だ。それが利機者にとっては却って「奇貨居くべし」の如くであった。すなわちそれこそが小生の歴史発掘への絶対的、不可避的、の誘因となったのであろう。

「数学」に於いては『検定』『推定』という仕方がある。数学がこの世で効能を発揮するのはこれが為である。現に、今日、理工系で一番の人気は情報工学であると或る経済紙が報じている。要は現代生活を導く最良の視点を提供すべき学問は、『数理数値を操作』し得るそれであるという事だ。現今、それが経済紙などで正しいかの如くにされるのに少しく自負を覚える。その数理工学の枠は、実に、『検定』『推定』というものの中に籠められる「あいまいさ」である。『偉大な曖昧性』である。

数値は様々に豹変する生き物である。視点を変えれば数理は歴史的日本人が大いに誤解されながらも至る所で示して来たそれを、科学的に肯定すべきところの学論と成り得るのだ。

フォーカス、予測担当に当たるべき地頭の良い人はこれを日常的に操作するであろう。

但し、統計学についてはこんな逸話もある。イギリス・ヴィクトリア朝の名宰相として在ったベンジャミン・ディズレーリ（ユダヤ人）の言葉である。「世界には三つのうそが有る。嘘、大嘘、統計である」。どこかの国の経済数値がそれであろう。その或る部門の数値を聞いて小生は学的に直感した。需要予測値をそこから算出しようというのは馬鹿げた事であると。

歴史発見事項で屡耳にしたのは「文献がありますか」「文献が無いですね」「文献ではこう書いてあります」というものであった。文献が殆んど絶対という事らしい。「では、もしも実在する文献が過去のある時点で虚偽のものとして、謀り事として記述されていたならばどうするんですか」と聞き返すべきところだ。事象と報告・記録には自ずと時間差があり、その間に権力の交代もあるのだ。

情報工学的の分析をするまでもない。「古文献」と言ってもある種の物は統計と称する異常・出鱈目数値と同じ効果を果たすべきもので、それが直感的に陰謀とされるものである。

誠実なカトリック教徒であったパスカル（統計学の祖）の苦笑いが浮かぶ。小生の恩師（確率論が専門）が言っていた。「統計学はアカデミズムに欠けるから、私は嫌いだ」。幸い、現代の数値予測担当者は、不誠実な数値の現象を捌く数術と経済知識を、実には兼ね備えている。ノーベル賞を受賞した経済学者を揃えたアメリカ経済を見れば、そこから何が誠実でないものなのかが読み取れる筈である。正しく問えば真実は嗅ぎ取れるものなのだ。

史実考証の中で新たに真実に近いものを抽出するには、近代的の「社会科学」という名の下での学的姿勢を以ってしなければならない。だが、「歴史学」という分野は「文学」と並んで、未だ科学的のそれとして認める訳にはいかないものがはっきりと多い。これはあまりに「小学」「中学」に忠実で、大抵は「大学」としての「進歩性」に欠け、近代科学性に疎いのである。それは、先ず、科学は利用すべき道具存在ではなく、真実追求の精神的存在であるという原理が解っておられない事から来ている様にも思われる。そこに権威はない。「徳」の意義に疑いのある「徳治主義」に放縦する政治と同じである。

小生の提出してきた「事実群」を正当な「仮説」として取り上げ得ない実態は悲しむべきものである。その実態には、取り上げるとは全く逆の、「敵意を持って即座に退く」の姿勢すら見えるのであり、それに就き長らく観察を続けて来たが、どうやら民族・政治的である。歴史学に政治を絡めるのは卑賤である。歴史が卑賤者の手に渡っているのである。

今日の政治で、或る科学振興予算について、その科学を挫くべき意図的（利敵目的？）予算操作が批判されたが、政治というのは屡「学問の敵」となる。それは人道的に求められるべき精神的の「科学の耳順性」とは違うであろう。一方を勝たせ、他方を破れさすところの卑屈・

不正の「**意志的範疇性**」**をそこに見る思いがする。**

韓国・朝鮮史に於いては、打倒された旧王朝史は全て無かったものとして処理された。であれば幸か不幸か、国内に歴史資料は残らなかった。王朝の血筋も残らずに国外へ去り、多くは我が国に渡来帰化したと云われる。そうあってはその国内歴史に嘘も真も無い。その在り方はある意味では好ましいものであったか知れない。但し、李氏朝鮮王朝時代のそれについては、戦争によらない日本との合併があったから、記録も王朝人も存続した。

それでか、パク・チョンヒ大統領は、「くだらない歴史は燃やしてしまえ」とのたまわれたと伝え聞く。正論の響きがある。その効果であるか、現在、韓国の高校教科では「歴史」は必須のそれではないとも聞く。虚偽を葬るにはしばし適宜と言うべきだ。

それに対し、我が国では過去の資料は概ね保持されて来た。すべて有りの儘ならばそれで良しとすべきであろうけれども、書いての通りにそうではないのも多い。勝者は敗者の存在は伝えても、恣に改竄を加えていた。「**歴史は勝者がつくる**」**というのは本当なのだ。**だから、豊臣秀吉は「尾張の草刈りの末」の出で、それに交代した徳川氏は「清和源氏嫡流」という全くの対照的系譜としてあるのである。我が国に於けるこの流儀は古代からのものであろう。これでは隣国のそれに比べて必ずしも優れているとは言い切れまい。指弾されるべき分野はさぞかし多かろう。

民族主義の強い国家では、当然、それ、偏狭な官民が醸成され、とても学問とは言えない

「歴史学」が跋扈する事になる。過去、あらましの国は強いそれであったが、今日、その有様は往々その民度に従うべきであろうか。民度とは四民の良民化による和合の中に育つべき文化的洗練性である。名ばかりの民主主義下にはそれが無い。それで気付いた。我が国ばかりでなく、世界中の国家の殆んども、隠蔽部を含み、その点で不十分であり、明らかにその途上であると。民族的のそれには進歩ばかりでなく、停滞も退歩も有るという事だ。現代民主主義時代の国家にあって明らかに指摘すべきは、民族的優越性の異常な強調に「劣等感」を基底に抱く事から始まるのが透けて見える、という事である。

それで我々は、今だそこに生きるままの方々を慰めるべく、その環境そのものの払拭を共に模索すべきとして知り合わせなければならない。これは互いに裁きの対象ではない。

夫々の人間社会・文化を語るべき時、最も要請されるのはこの様な「慰労の精神」であろう。夫々の個人・集団には不可避の位置環境などが必ず存在したのであるから、先ずはそれを衷心から慰霊しなければならない。全ての民族の環境こそは全くの遭遇・偶然の仕業に過ぎないのであり、それを以って全てを価値付ける事ほど愚かなものは無い。すなわち、そこに生き存える者の責任と品位が無ければならない。

今、人類はその総括的の時代を迎えんとしている。誰にも殊なる在り方が求められ、問われるであろう。心を尽くさなければならない。誰にも人知れぬ悪行があるであろうが、今しがた述べた様に真の裁きはそこに無い。更にそれを償うことも贖うことも一人では出来ない。次の時を生きるには、ただ祈りのうちに互いの赦しを請うのみであろう。

小生の哲学的支柱の一つとすべきは古代中国の子産・孔子のそれにある。これは学生時代の真理探究の為の一つの方法である「濫読」によって培われたもので、その後の様々な知的財産獲得過程（一応の頂点というものが想定され、時代によって違うのであるが、現在では七十五歳とされる。当然、個人差もある）に於いて、聊かの揺るぎも無かった。

そこに「人道」という基本を感得すべきだが、やはり政治的障壁は何処にでも在る。真義の拡散を阻む勢力存在があるのだ。中国の場合にはそれが外から屡容易に侵入していた。真実は単純存在を許容されていないのだ。

子産も孔子も仏陀も「天道」にはふれず、ただひたすらに自分の「生き様」に責任のあることを教えとしていた。それが孔子の教えには「徳」に就いての責任範疇が明確でなく、その後の国家指導原理としては不可避的に遺漏が生じ、文化の発展に永久的の停滞を齎したのである。所が大陸と違って子産や孟子の教義がほとんど浸透しなかったにも拘らず、我が国にはその「徳」の在り様がより良く機能しているというのは、やはり、中国より更に西方すなわち西方世界の戒律に等しい「神道文化」、言うなれば法治的のそれが礎に在るからかも知れない。それに仏陀の教義・沈思が加わって妙なる文化を形成して来た。だが、一方では本邦にあっても堕落は年月を重ねる毎に醸成されて来た。敗戦によって異文化を含有し、**今や澆季が顕著となっているのである。**

例えば地方にあって歴史の基底を探るとき、真実の紹介によって重大の公的不正が露呈する場合がある。戦慄すべき「伏魔殿」が覗くのである。その時、その地の政体は全力を以ってそれの隠蔽に努めるであろう。小生は或る事でその例をとっくに知悉しているが、自分は警官でも検察官でもないと慎重性を覚えた。それを暴こうとすれば、ほぼ命を落とすであろう。それはその事実がその自治体単独で起こっているものではなく、遥かな上部組織・国際組織をも擁いてのそれであろうからだ。近代での文化の停滞はそうした複合的の外的要因から起こるのである。事実として国粋文化は逼塞せざるを得ないのだ。

いや、小生の知るそれは或る有名なジャーナリズム組織から知らされたものである。そのジャーナリズム組織が取上げない事を何すべき。恐ろしい敵には恐ろしい組織が背後に在るのだ。それに、その当面の最大の関係者らは既に鬼籍にあるにも拘らず、犯罪組織は後継相続されるのであるから聊かの揺るぎもない。忸怩たる思いはあっても時効であろう。

だが、「時」はこの世を知る故に、終わりに向けての厳しい流れを今にも見せるであろう。であれば互いに姿勢を正すべく、学び直すべく、真摯に取り組み、以って学問的・政治的・社会的の貢献に尽くして頂きたい。

論語に天道循環とある。一日は毎日循環するのだ。遅くは無い。似非民主主義によって強められた澆季を見据え、世を革まるべきとしなければならない。

第三節　清盛と盛長の不分明な族縁関係

これまでの論を総括すれば、遠元は足立荘という荘園の領主職を所有する典型的の公家であったとは言えても、郡司であったというのは血筋的にとても無理であった。現地の下司職などは従兄弟らに任せれば良いのだ。では、遠元と足立郡の関係に於いての土着色の強い伝承は何故に強固なのかと言えば、それこそは遠元一族に対する歴世の敵らの目論んだ陰謀、公家に対する武家の「憎しみや嫉み」が相乗したそれに起因したものだとしたい。同様の現象は、少なくなってはいても、現代にも確実にある。

そうした立場からの受動的の身の処し方に於いては孤独を選ぶが良い。すなわち徒な競争心を自己啓発によって抑制する事が第一の肝要なのである。それが社会的進歩であろう。時節異様の優劣心は育てずである。あれやこれやを思えば平凡ほど良い境遇は無い、という積りで。

鎌倉後期、「霜月騒動」の元凶・平頼綱がその系譜を清盛の嫡男重盛の後裔に作り、そうした一門意識を持ち続けていたならば、平家を滅ぼした者の内でも「特に公家勢力の遠元・盛長の子孫に対する復讐」は、有るべきとしなければならなかったであろう。

その遠元の公家藤原氏説での系図的様相であるが、それにしても怪しげな、陥穽を誘うべき「通字」があって困惑する。**兼・廉・盛・国**のそれであるが、これが家群を結んで有るのだ。

盛長の父は一般的には「小野田三郎兼広」として知られるが、『吾妻鏡』では「国廉」としてもいる。そして盛長の母を「備前守平忠盛朝臣女」としている。すなわち頼朝卿の股肱の臣とされる盛長を、清盛公の姉妹の子としているのだ。これはまた吃驚仰天というもの。

「清盛公の甥の立場の盛長が、何で又、伊豆の流人風情の頼朝の『雑色の如きの従者』に成り下がっていたのだ」と、ここで呆れても仕方がない。いや、勿論それもそうなのだが、ここでは先ず「**兼**」**という**「片諱」に就いて考察せねばなるまい。

盛長の父の名に就いては、これが諸説ある事は知られている。これに就き、「系図なんてものを頓着しなかったのであろう、盛長という人は実に偉い、豪い」と仰る方も居られるであろうが、その逆に、盛長には系図的執着があったが、適わなかった、というのもある。

『吾妻鏡』では兼広、付記として「国廉」としてあるのだが、『新訂増補国史大系』の底本や塙保己一の『群書類従』によれば「兼盛」と記している。一つの文献でいろいろ説明するならば兎も角、様々のそれに違ってあるというのが解らない。或いはまあ時代によって違うというのもあるであろうから、これを手繰るというのも常道であろう。

１１６６年、清盛女婿の摂政基実薨去。

１１６７年、清盛が太政大臣に。

１１７７年、「鹿ヶ谷の陰謀」発覚。　**清盛像大変貌の基点。後白河院は未だ不問に。**

１１７９年、後白河院幽閉。　**後高倉院守貞親王が兼盛邸にて降誕。**

１１８０年、以仁王挙兵。安徳天皇即位。　**摂関家領の処置。兼盛の手首切り落とし。**

清盛三**女盛子**は摂関家に嫁いだが、その夫**基実**（関白忠実子　１１４３～６６　５８二条天皇関白　６５六条天皇摂政）が早世してしまった。

基実の後の「摂関職」はその子**基通**（１１６０～１２３３　母忠隆女、清盛女寛子は継母　７９内大臣関白　８６義経と組むも、義経没落で一時閉居。９６再関白）が幼少であった為、基実と一つ違いの弟**松殿基房**（１１４４～１２３７　６４左大臣、６６摂政氏長者。清盛と対立、後白河院に接近。７９大宰府に左遷、後、平家西走で復帰。義仲と組むも義仲没落で、甥の基通が義経と組む）が継いだ。

その**膨大な**「**摂関家領**」**に就いて**は基実の未亡人として盛子が管理していた。所が、その盛子も亡くなったのだ。それで後白河院は、摂関家領の帰趨に就いては「盛子の死去に伴う事実上の没収」、という事にして処断なされた。所がそれがである、事実は「収公」とはちょっと違う、後白河院の所領、すなわち御自分の荘園となされていた。

それでは正式の「公領」となったとは言えず、**明らかな「院の荘園」という私物化、横領であられたから、そこに院の責められるべき矛盾が露呈し、清盛の激怒する所となった。**

後白河院という方は御父鳥羽院が「天皇の器で無い」と申され、養父信西も又「暗愚」と評した様な存在であられたが、幸い清盛という人物は、気がねの無い、人好きのする大性格の持ち主であったらしく、後白河院の無理無茶無体を大抵は受容する器量を持っていたと見るべきであろう。後世の豊臣秀吉に似たところがあったであろうか。所が誰にしても堪忍袋というものがある。平均を遥かに超える深謀の清盛を以ってしても、もはや此れまで、としたのであろう。堰を切るというのはそれであったか。

その節、**その院の新領の倉預**（くらあずかり　一般荘園の下司職に相当）とされたのが大舎人頭の**藤原兼盛**である。この時節、彼は四位クラスであったとされるから公家身分とされていたであろう。兼盛の祖父盛重は白河院の色道に於ける美貌の「寵童」であった。公家ではなく平姓の武家出とされる。それが何故か良門流とも云うからとても意味ありげである。

能盛——北面の武士——**能兼**
良門流盛景の子ども　後白河院に近侍

生没年不詳　平姓
良門流？　白河院北面の武士

国仲——**平盛重**——**盛道**——**藤原兼盛**（清盛の姉婿？）——**？・盛長**（遠元養子）
従五位上
信濃守　検非違使

高階経敏の家人　北面の武士
四位の公家・大舎人頭　後白河院荘園の「倉預」

初め、兼盛は高階経敏の家人で「北面の武士」と書かれる。清盛の先輩にして姉婿か。「倉預」拝命の件にて激怒した清盛による「手首切り落とし」の際の、重なる措置として、上総大掾という名目にて上総国夷隅郡小野田郷に閑居させられた？そこに妻と妻の伯母が同行？そして後に「姨母刃傷事件」？　そして土地の人らはその祟りを恐れて「姥母」という地に御霊神社創建？　東鑑に記載は安達氏憎しからの例の陰謀に因る？　というところか。

経敏は遠兼の少し前辺りの武蔵守で、白河院近臣であり、信西の養父であった。信西は藤原実兼の子で、後白河院の養父であった。鳥羽院の北面の経歴を持つのだが、少納言として絶対的能吏であり、藤原南家の生まれであるから武士とは書かれない。

信西は悪左府と言われた頼長（1120〜56　32参議を経ず権中納言　鳥羽院別当・内大臣　49左大臣・氏長者　51内覧　55近衛崩御で一転）と並ぶ「当代の碩学」として称えられ、人事面担当の大実力者であった。

こうして見ると経敏は後白河院にとっては養祖父になるのか。歴代の院の近臣関係が見える様なので記しているが、公家北面と武家の北面の違いも追っているのだ。

兼盛が清盛の姉婿であったならば、色々と辻褄が合う話も有る筈だが、それが多々ありそうである。幾ら何でも、歴史検証中、平清盛という大存在に焦点を当てた時、すなわち場所時代環境に絞って論じる場合に、姉婿と目される藤原兼盛を二人に仕立て、夫々に俄然の注目を浴びせるのは不自然であろう。誰記でもあれば別であるが、無い。

何れにしても、大権力者となった清盛が、この兼盛を含めた一族姻戚図を俯瞰的に飾るべくある極盛期、利用されたのが、その時代には往古の輝きを欠いていた、左大臣魚名流のそれであったのではあるまいか。魚名流の主流は白河院の司・顕季や鳥羽院の皇后美福門院、或いは成親などを輩出した支流の末茂流に移っていたのである。兼盛系譜は「背乗り」か？ 然しながらそうした系図操作は衆人環視の中にあるのであったから、一気には出来ない相談である。ここは気心の知れた遠元に協力を求めた可能性も十分にあるという事だ。

それで、その兼盛という人物の系譜を作るに色々の説がばら撒かれ、醸し出されたあやふやな状況の中には、「養子でも嫡流は嫡流である」などという確かな道理も混ぜられ、終に「忠盛長女の婿は魚名流正統である、という自信作」が出来たりしたのではあるまいか。それを平家政権下では公家とし、武家政権下では次第に武家としていたのではないのか。

白河院の寵童なる先祖は平姓の武士とされながら、いつしか良門流藤原氏の系譜に直っている系図メカニズムも再考察しなければならない所であるが、上杉氏の様に、公家だか武士だか判らない形で、良門・高藤流として歴史に登場するのも有るのである。**何れにしても武家勢力の陰謀によって遠元系譜も綯い交ぜにされ、共に魚名流の武家とされたのではあるまいかというもの。「遠元は武蔵武士であった」、これが彼らの最終目的であっただろう。**

『吾妻鏡』に「姨母刃傷により伊豆流罪」と書かれる人物の名は兼盛であるが、この姨母が誰かという問題を探るに、これはこの人物自身の叔母ではなしに、妻の伯母という想定も可能として見た。そしてその妻の伯母が、清盛亡き後での兼盛の恨みの代償対象となっていたのであろう、と併せて思った時、刃傷の対象となったのは当然にこの伯母であった、という事にして見たのである。

老婆を刃傷するという猟奇的な事件であるから、その人物が異常経験・性格の持ち主であったというのは、あまり的外れの見解ではあるまい。**この想定は、その様に、「後白河院に起用された人物・『倉預の兼盛』が盛長の父であったならば、すべての様相に当て嵌まる」のではないのか、としてのものである。**

「兼盛が倉預に任じられた」のを知った清盛が「手首を切り落とした」、と記述されているのだが、これは、兼盛というのは、清盛に近い人物であるなとふと感じたのである。これに就き、清盛の過去を知るに、父忠盛の遺産相続を巡る兄弟姉妹との諍いがあり、当然、清盛の姉婿の立場から彼を恨む側にあった兼盛が、院からの指名をそうした「怨念を含んで受けた」とすれば、清盛の方でも一切を直感、憎むべき存在として直情のもとに兼盛の手首を切り落とした、とこうならないであろうかと想像したのだ。

父の恨みに同調したのが安達盛長であっただろう。

清盛の異母弟の**頼盛**が、清盛の敵となった頼朝と誼を通じて生き延びた、という事実もある。彼らは兄の清盛を恨んでいたのだ。恨みを重ねた兼盛は清盛の育ての親である「姨母」に向けたのであろう。老婆刃傷など異常だな、と言われようから、その性格、原因付けを先に想定して置いたのだ。身内の中での敵はまだ居た様だ。これも読者の方は恐らく改めてお聞きになるものだろうが、清盛妹の夫である**藤原親政**（親正、或いは親雅とも書く。後白河院皇女の皇嘉門院の判官代。阿波守　師輔支流の下総藤原氏　号智田判官代）という存在である。

さて、源平の戦史を吟味する上で決定的の陥穽は、頼朝軍の鎌倉到達の中途にあった大関門下総通過についての極めての不注意を、「後世の軍記物」に惑わされて自覚していない事にある。それは単に親政の存在に就いての階級的コンプレックスに因った筈である。

親政は千田荘判官代だが、代々下総守に任じられて「下総藤原氏」と称された公家一族のもので、系譜は九条右大臣師輔の流れである。この一族に対し、元々の荘園の開発領主（かいほつりょうしゅ）の千葉氏はこの荘園を奪われたという「怨み」を抱いていた。だが、「荘園の領主権」、これは武士が確立するのは困難な時代であり、国衙領に編入されて受領（国司）の支配下にされるのを防ぐには、強力な公家存在に寄進という形で預け、自らはその「下司職」を確保するのが得策とされていた。地方豪族の開発地を取り上げたのは親政家だけではなかった筈である。ただ、この場合には酷い横領性が有った様だ。

千葉氏側は後世に鋳物師的に「軍記物」を操作し、「下総藤原氏への怨念晴らし」をしたかに見える。それをするならば、頼朝の父へもすべきであったが、頼朝と千葉氏は多くの面で過不足の無い補完関係を築いた為に、それはとても出来ない相談であった。総ては階級闘争的に出来ていたからである。源平の盛衰闘峥というよりかは、公と武のそれと言うべきであった。常胤は心情的には清盛と戦ったのではなく、下総藤原氏と戦ったのである。下総藤原氏と千葉氏の過去のいざこざとは次の様なものであった。

千葉氏は常兼の代に下総に於ける大開発に従事するが、その始めは千葉郷にいたのではなく、そのずっと東方の土気郷大椎（おおじ）を拠点としていた。そこから下総の中部地域の開発を進め、千葉郷、三崎郷、臼井、白井、匝瑳地方へと広げたとされる。

所領は一族の員数が増えるに従って分与され、惣領というのは特に無かったと推定される。それでも武士団であるから、やはり頭領は存在したのではないかともされる。その頭領的存在と思われる常兼の子常重自体が所領の移動をしているので、やはり不分明があるという事だ。

常重は結果的に千葉に本拠を移し、相馬郷と立花郷とを合わせて「開発領主」として領有することに成ったとされる。だが、そうした新領は、本来は公領に編入され、課税の対象となるべき物件であった。土地というものは、仮令、未開地とは雖も原則は公地であるべきだからだ。国家支配下では、無許可の「開発権」など何時の時代であっても無いのが当然であろう。江戸期の六方野の開発も「江戸幕府評定所の裁許」が有っての事であり、決して泥縄現象ではない。

千葉氏が開発に従事した時代、国守は受領層と呼ばれ、税の取立て報酬を歩合制の下に請け負う存在であった。いつの時代でも役人の主要任務は税の取立てという事だが、それを歩合制でやるというのであれば、勢い、新開地の摘発は重要な仕事となり、収入源の拡大となったのである。そして、この旨味に味をしめる受領層（公家）というのは決して甘い存在ではなく、任地社会でのダニの如くであったらしいのだ。これは未だ開発可能な土地が広大であった平安期という昔ならではの事であったのか。

1135年、常重は嫡子常胤に相馬郷の「御厨」を譲り渡した。その直後、下総守として

在った藤原親通は「公田官物未納の罪」を以って常重を捕縛し、相馬郷と立花郷の所有権を取り上げてしまった。所が親通はそれを自分の名義にした。横領である。摂関家領を公有にするとしながら御自分の荘園になされたお方は、彼の真似をなされたのかは之を知らず。往昔、将門の乱も、伯父たちに父から相伝すべき所領を横領されたに始まるものであった。

康治二年（1143）、源義朝は、常春の子常澄の要請という事で、「相馬郷下司職の譲り状」を書かせた。強奪と言うべきものであるが、その後、1156年の保元の乱時、常胤は義朝の陣営に在ったとされるので、途中、義朝との主従関係が成立したのではないかと書かれている。武家の時代へと進むべき前夜を迎えていたのであろうか。

或いは、盛長が院宣を持って訪れた際に、常胤が無愛想であったというのは、親政と盛長の叔父甥関係を嫌っての事とすれば、本当なのかも知れない。頼朝はみんなの前で、常胤を教養無き者としながらも、その質素さを褒めている。それはとりもなおさず彼が単純な性格であった事を物語るものであろう。

小生にもそれがあるが、母に似た。深く自戒するところである。だからといって血筋の所為にはしない。母の実家は、『千葉市史』にもある通り、佐倉藩領の名主の家であるが、母の母親は成東の綿貫家の出で、千葉氏一族名主であった。祖母は極めて冷静な性格であったと母からは聞いており、それからすると母よりも出来が良かったのではあるまいか。まあ人の資質なぞ血統によるではなく、確かな「素」は育ちによるのである。

徳川幕政下、軍馬を用立てるべく牧士なる者が任命されているが、その頭として在ったのが千葉氏一族の綿貫某であった。成東の家が如何なる系図であるかまでは調べてない。これは常胤を無教養と書いたので、それこそ血筋でもあって相殺する序でに紹介したものである。

親政は武士とは違った方法での戦略を凝らし、盛長と合議したであろう。清盛の落ち目を他人よりかは遥かに知り得る身内同士としてのそれは、明かせば度肝を抜くべきであっただろう。それが実行に移されたのが所謂**奇怪な「結城浜の戦い**（結城野合戦とも）」だったのではあるまいか。

頼朝は「石橋山の戦い」に敗れて房総へ渡海し、そこで頼朝軍の強化を図ったのであるが、その後の足跡の辿り方には異同が甚だしい。それかあらぬか、映画やテレビでの大型時代劇に於いては、房総での戦闘場面は省き、その分「富士川の戦い」に盛って華々しいものとしている。千葉県の史家はそれで納得しているのか知らん。

武士の家に生まれておらない小生でも、武者の活躍場面には魅入る。豪傑、手だれ、剣聖、名将、源義経、宮本武蔵、猿飛佐助、新撰組、鞍馬天狗、赤胴鈴之助、やめろ？　とめてくれ。

誰が一番強かったかは知らないけれども、今でも時代劇は好きである。だが、他方で公家の子孫としてそうした戦いの細部を想像し続けて見て来ては、許容出来ない史的陥穽が漸くに気になっていったのである。いや、ま、娯楽作品と歴史書の扱いは勿論全くの別物とは思っている。「水戸黄門」では、俳優さんによって黄門様のイメージが丸で違って演じられている。ある俳優さんの御意見で、あ、そうか、という風に気が付いたりしたのであるが、視聴者の立場からすれば好きな時代劇であるから、みんな面白いのである。

だが、歴史として「源平の戦い」を見る時、ここに述べる「結城浜の戦い」に就いての分析はとても忽せに出来ないものがあるとしたい。

親政は千葉氏の居城を一千騎の大軍を以って奇襲し、大戦果をあげるべき情況を迎えていたのが一変して大敗北を喫し、「敗走」或いは「生け捕り」になったと「軍記物類」に伝えられている。その際の敗因は、僅かに七騎だかの千葉方に、「妙見様」が加護すべく現れた事に因った、と書かれているのですが、でも、ちょっとこれは信じられません。

房総半島に上陸し、兵力の増強を図るべきとした頼朝軍にとって、大敵を控えた上総下総に於ける戦闘は、源平戦の中でも最も激烈であらねばならなかった筈である。先ず上総に於けるそれだが、本来ここは、ご存知、彼の「平家の侍大将」忠清が介（この地の事実上の正任国司）**を仰せ付かっていた。鉄資源を抱え、軍略上の枢要地であったのだ。所が忠清はこの任地を高位公家の遥任でもあるまいに属僚に任せ、自分は京に居た為に頼朝軍の参集に対応能わずとなってしまった。**他にも源平戦に於ける忠清の失態は多く、清盛は死罪を科そうとした程であったと云う（それが理由でもなかろうが、彼の出自には若干の奇妙な異説があるが、これは省く）。

その様な訳で、頼朝軍の上総行軍は果したが、次の下総がこれも難関であった。

件の親政は清盛の妹婿として国主の如く（実には皇嘉門院の判官代）**であり、平家の守りこ**

そ堅固であったと思うべきものがあったから、平常ならば源軍は必ず激戦をもって当たらなければならないところの重大局面であった。千葉方が七騎で粉砕するなど、とてもではありませんが、有り得ないので御座います。

『系図纂要』には下総・山城守・正五位上の親通の子として、下総守親頼・下総守親方・下総守親盛の兄弟の名があるが、親盛の子に親雅（親政）と顕盛がいる。親雅の子は二人とも出家の身となり、子孫を残していないのに対し、顕盛の子は出羽守基定の猶子となって刑部卿従四位下という公卿の地位に昇っている。その後、子孫は従三位になるなどし、上等な公家の地位が確保されている。

藤原親雅の子孫が遺っておらない事に注視すべきであるが、**少なくともこの内閣文庫蔵の系譜書では親雅の親族に戦死者や罪科の者は無いのである。**

軍記物（現代に在ってはこれが立派な歴史書の如くであるが）では、確か、親雅自らが一千騎を率いての挙句に惨敗となっている筈だが、『系図纂要』の記載とは大分違うのは如何したものか。まあ、汚名を着せられていても親雅親子が無事存命ならば、我が盛長の立場からすれば先ずは良しとせねばなるまい。

平清盛の重大な身内であった藤原親雅と安達盛長の二人の共謀めいた話をしたのだが、左様に、この親雅の出陣は頼朝軍殲滅が目的ではなく、義兄清盛への聞こえと予想すべき激怒を計算しながらの、**命懸けの偽装戦**であった可能性があると言いたかったのである。

盛長の下総登場で何か隠れているものが有りはしないかと疑った時、出て来たのがこれであった。常胤の敵は藤原氏であったが、この二人の藤原氏の敵は身内の平清盛であった。内実、後世の歴史学習者のそれとは思うところが違うのである。

さて、「結城野の戦い」に命運を掛けた親政のその妻は清盛の妹であったが、彼の妹は清盛の嫡男重盛の妾になっている。妾といえば**聞こえの悪い事**かも知れないが、日本国では、往昔、一般的に男系相続を果すべく、男子獲得の機会を多くする一夫多妻制を是認してきた。この様にこれに基づく文化性がある事は否定できないのである。

我が勧修寺流を隆盛に導いた高藤女の胤子は宇多天皇の女御すなわち側室存在であったが、所生の敦仁親王が即位なされた為に贈皇太后に列せられた。紫式部も妾として嫁いでいる。『蜻蛉日記』の作者は本邦三美人の一と称えられた人だが、摂政兼家の側室の地位にあって兼家の不実を非難すべく「日記」を書いた（但し、兼家との間に儲けた大納言道綱は自分の名前しか書けなかったと云われる）。

建春門院滋子（1142～76　高倉天皇御母　平家の一族で、清盛正室の妹）も女御として高倉天皇の御生母となった。常盤御前も、元は白拍子の出身で、義朝の妾となって義経を生んだ。静御前は義経の妾である。義経の正室が誰であったかを知るものは少ない。知ってますか？頼朝の姉は源三位頼政の妾になっている。徳川将軍の母御の殆んどは側室であった。**小生の祖母幸之助の生母ははじめ「女郎」の身で在ったが、**身請けされ、事後的に後妻として入籍した。

先妻に男子が無く、替わって男子を産んだからである。

　男系相続社会にあっては、これらは総てちっとも異常な現象ではなかった。小生の家は、第三代の朝忠の次に国淵王が養嗣子になった以外は、四十代に亘って男系を維持して来たのであるが、今は後継男子が一人しか居らないから、後は彼に託すしかない。曽祖父が羨ましいとは思っていても言えない。言えば家に居られない。言ったも同じ？

　現代社会で、皇室のお世継ぎが心配されているのは、「大奥制度」が無くて皇子御生誕の機会が極めて御縮小になられたからである。民族文化の在り方・連続性からの復活論がなされるのは当然と言えようが、一夫一婦制が普く浸透して難問に成っておられる。

　さて、「忠盛遺産相続に於ける清盛の過分相続」という問題は、清盛の没落が色濃く見える段階になって、再燃するのは当たり前であって、それで謀反が起きたと思うべきであろう。

　斯くして親政の軍勢が大挙して頼朝の軍に転入したとし、親政に就いての助命があれば、**密使と陰謀者の両方を演じた安達盛長の役目柄も完遂出来た事に成る**。だが、これらは結果的の事とすべきである。その原初の臨場性も想像すべきで、それは言うまでもなく、予想される清盛の激怒と恐ろしく果断な処置である。晩年の清盛には武家本来の激烈な「仕置精神」が戻っていたのだ。

　英雄清盛に対しての身内からの背信、裏切り行為が漸くに強まっていた事を教えるのは**鹿ヶ谷の陰謀事件**である。

過日、右近衛中将・正四位下に在った藤原**成親**（1137〜77　魚名流支流の四条家成の子。家成は美福門院の父方従兄弟で正二位権大納言）は、信西を除くべくそのライバル**信頼**（人も知る後白河院の色道上の最強の愛人）によって起こされた1159年の「平治の乱」の時、妹が信頼の妻であった事から信頼側となり、公家ながら武装して参陣した。それが敗戦となって捕縛・解官・死罪（信西がこの折に復活させた）となったのを、もう一人の妹が重盛正室であった事で、重盛の清盛への嘆願が実り、助命となっていた。**平家と、成親の四条流を含む魚名流とは五組、六組という多重姻戚関係にあった**事もあろうか。

後白河院と清盛の関係は長らく概ね良好で、1161年、清盛正室時子の妹の滋子が高倉天皇（1161〜81　68即位　80譲位）を御生みし、1172年、清盛の娘がその高倉天皇（68即位）に入内した。その間の1167年に清盛は太政大臣の地位に昇っている。

所が、1176年、建春門院が崩御した事で、院と清盛のそれまでの親密な関係に翳りが見え始めた。高倉天皇は院と清盛の対立に苦悩なされる日々をお過ごしになった。

そこへ、治承元年（1177）五月二十九日、「鹿ヶ谷の陰謀」が発覚し、六月一日、成親は弟の西光（師光　成親の父家成が養子とした）とともに捕縛された。後白河院の第一の近臣と言われた師光は「首はね」の死罪に処せられたのに対し、成親は重盛による再びの減刑要求で一旦は備前流罪となったが、七月九日、惨殺されている。

院の近臣平業房も伊豆流罪となったが、その妻、「絶世の美貌の高階栄子」は院に召され、

1181年、皇女宣陽門院観子内親王を儲け、「古今無双の寵女」と云われる存在となっていた。院は謀議に就いては「無実」として切り抜けられていたのである。

1178年、十一月、安徳天皇御降誕。

1179年、七月二九日、重盛薨去。十一月七日、大地震。十四日、清盛が大軍を率いて福原より帰京。十一月十五日、反清盛の関白の**松殿基房**を罷免し、大宰府に左遷。清盛の亡娘婿の子・**近衛基通**を参議・納言を経ずして内大臣関白に（所が、基通は平家西走時には従わず、義経と組み、基房は義仲と組んでいる）。

1179年の十二月二十日、清盛によるところの重大な事態が起こった。**鳥羽殿への後白河院幽閉事件**である。

清盛は天皇親政を支持し続けたという点からは、これは決して逆賊とは言えないのであるが、それに対して後白河院は恣意性が強くあられ、終に清盛の堪忍袋の尾が切れたという事であったか。何れにしても、晩年の清盛には激情が到る所で見られる様になっていた。身内だからといって、漏洩すれば即死罪であっただろうから、親政・盛長の戦略は満を持したものでなければならなかったであろう。

頭脳明晰であるべき盛長の前半生が、「伊豆で、流人生活の佐殿頼朝公の従者としての日々を送っていた、と創造した軍記物類」とは全く違い、実は、拗ねた清盛の甥を演じ続けていたと想像する時、真実の歴史に近づくのではあるまいか。

清盛は姉の子盛長のあり方に就いて、十分に留意していたのであろうか。いや、これに的を絞った議論などあったはずも無かろう。これを従来の当然の歴史とした上で、改めて問うべきなのである。すなわち、繰り返すが、清盛公は甥盛長の存在を全く忘れていたのであろうか。若しも忘れていたとするならば、**実には恐ろしく有能の盛長が敵方に回ったというのも、異常とは言えない。これは怠慢に過ぎた事であっただろう。**

親政には、「下総藤原氏」といわれる程の、代々の身代があるのであったから、そのままの地盤に武威を付加すべく大兵力を預ければ良かった（これも実は安易不十分であったのか？　いや、そんな事はあるまい）としても、盛長には果たして、どうであったか。治承四年時点で、令旨、或いは院宣を遠く関東に広く伝える姿を想像すれば、彼には然したる資産も地位も無かった様にしか見えないのだ。盛長は「糸の切れた凧」で良かったのか。我々の知る盛長像は虚像そのものなのであろうか。何れにしても、盛長処遇に就いては好漢の清盛らしさが感じられないのは非常に残念な所である。

これらを総合すると、盛長は清盛権力体制の中で十分の恩恵を受けていない存在であったとして間違い無いと言えよう。数学的の解法からすればそうなる。

斯く清盛にも明らかな欠点と落ち度が有ったことは確かであろう。平家の一族内にも兄弟のうちにも棟梁となるべき存在は居たのであるが、彼らは病気などで消えて行き、幸運にも清盛にそのお鉢が回ってきた。そこで、ここが良悪の言えない所であるが、武家の家での絶対権力とばかりに「**親の財産を過分に相続**」して見せたのであろう。

これは如何なる門閥存在に於いても、集中性が求められるのであるから、今日の現象にも少なからず見られるもので、ましてや当時の門主には有り勝ちの楽観性に生じたものであろう。

忠盛の遺産と言えば、彼の左大臣頼長（非常な勉学家、悪左府と云われる）がその日記に、

「数国の吏を経て富巨万を累ね、奴僕国に満ち、武威人にすぐ、しかれども人となり恭倹にして、いまだかつて、奢侈の行いあらず、時人これを惜しむ。……」

と正しく評したほどの、莫大なものであった。それを清盛は一族に適量に分配しないで、ほぼ独占したのである。不満が噴出したのも当然で、それで姉の家族、弟の頼盛、妹婿の親政といった存在が多出した。

清盛の晩年はその財が大分減っての苦労もあったらしいのだが、その財はどこに消えたかといえば、院、女院の御要請の通りに神社仏閣の建立などに頻繁に用いられたのである。特に後白河院の御浪費は甚だしいものが有ったとされる。要するに清盛は内面は悪いが外面は良かった、という事であっただろうか。まあ、皇室、いや後白河院がお相手では無理も無い事であっただろう。内面が悪かったと書いたが、何にしても、晩年は外面も悪くなったのであろう。

恐らくのところ、清盛は不遇の青春時代をすごした頼朝とは対照的に、その前半生は慈悲に於いて大であり、人を扱うに遥かに寛容であっただろう。それは幼年よりの順当な育ちの良さからの賜物であっただろう。そして、彼は殆んど総ての公家に比べても、正盛・忠盛によって

培われた富裕からするところの、美徳、を持ち合わせていたであろう。衣食足って礼節を知る、とあるが、それは**育ちの大切さ**を言うものである。氏ではない。

清盛からそれが失われたとすれば、その政治生活の過酷によって齎されたに違いないのである。彼は孤独に陥ったであろうが、それは誰もが共通して持つべきものである。そこに新しい時を呼ぶ事に気付かねばならない。

清盛が政治の世界で苦闘していた分、盛長の存在は等閑に付された。二人の距離的乖離は、結果的に日本史の運命さえ決したのであり、それで、何度でもこの清盛と盛長の叔父甥関係を分析しなければならないのだ。

身内から推論するならば、恐らく清盛は自分の上司であり師でもあった藤原遠兼の、その子遠元をば、その幼少時から知り親しんでいたであろう。甥の盛長のぐれているらしい事に気付いた時、最も深い相談相手として選ぶべきは、この他人ではあるが気の置けない遠元であっただろう。**而して盛長は遠元の猶子として預けられた**と思うのである。そして、それで安堵してか、清盛殿は甥の事は忘れたのであろう。政治的課題が次々と突きつけられていたからである。清盛贔屓の立場からはその様に思いたい。

清盛の他人と言ったが、これも、一概にはそう言えない歴史らしきものが残されている。既述した「兼盛（兼広、国廉）が刃傷した姨母」の事で、その伯母を妻の伯母とまで書いたのであるが、それは清盛生母とされる「祇園女御妹の姉」すなわち、「**祇園の女御**」であろう、つまり清盛の養母である。物凄い問題であろうけれども、この無類の歴史愛好家、アマチュアの凝視にあったからには放置されない。もとより是は「ダメもと」である。

だが重要に就き再記する。**千葉県の長生郡に長南町という所がある。そこに旧名・小野田郷という村落がある。**「小野田」と言えば、安達盛長の父は小野田三郎兼広とも云う。『吾妻鏡』に、「姨母刃傷により伊豆流罪」とされた人物である。これだけでは、その地と盛長家が何かしら関係でもあったのかなと、ちょっと思うだけのものであろう。小生もそれ以上には書かない。だが、その地には「大宮神社」、「大国主神社」、「熊野神社」といった出雲系のそれが鎮座し、一見して、旧武蔵国足立郡のそれと同類である事が第一に知れる。

当地方の神社群の神主さんは藤原氏と地元の方に教えて頂いた。魚名流山蔭中納言の子・仲正の御子孫であられようか。すると、**遠元家と魚名家の姻戚関係**が過ぎる。地誌では更に、小野田郷は遠元の養子とされる天野遠景が「惣政所職」として在った所とも記しているのだが、確か『吾妻鏡』に兼盛が上総大掾（次官）であったと書いている。それでこの意味については複層的のものが有るのであろうとし、十分には理解出来ないままだが、遠元子孫の小生の関心と興味を引き込むにはこれだけで十分であったから、思料に入れて置いたものだ。或いはこの地は山蔭女の持参で、二代定方以来、遠元家が領主であったか。

長南町の役場に隣接する公民館は、歴史愛好仲間で組織された「上総歴史研究会」の開催場所として選ばれていたもので、小野田氏の関係地らしい事等を既知とすべき新規参加の小生からすれば、何もかもあまりに遇然の所在地であり、それを機に、性癖的に早々と地誌の再研究を開始したのは当然であった。

インターネットで何度も地図を拡げて見るに、その小野田の地の東隣に「姥神」という地名があり、それと共に「御霊神社」という字も見え隠れしているのに気付いて、まさか、と驚愕した。何という組み合わせであるか。件の「姨母刃傷」の関係人物群がこの地に共に在り、ある日、惨劇が起こったのではあるまいか、という歴史劇を瞬間的に再現した思いであった。祇園の女御の出生地も或いは、と思ったりしたが、これはまあ考え過ぎであろう。

人を死に至らしめた人物が、或いはその周辺が、その怨霊を恐れてそれを封じ込めるべく霊殿を設ける、というのを「厭魅大逆事件」で言及している。それとは事件性質を違えるのであるけれども、当時の人々が、「怨霊」というものを何よりも恐れていたという事例を、ここに確かに見た様なであった。

単に掴んだ歴史文献を並べて深い相関関係があるとし、この様に敏感に反応するのを指して、「他愛も無い楽観的の直感である」とすべきか、それとも「歴史学的の、『直観』である」とすべきかは、この時点では言えない。然しながら、これに最も反応して想像を維持すべき立場に在る者からすれば、そうする事によって、僅かなりと雖も「消えた歴史」に向かって進むことが出来るとするのも、創造精神のあり方の一つというものなのである。千年を超える歴史を一望にし得る者に与えられた厳しい責務であろうか。

これらを小説的に色付けすれば、或いは忽ちに観光資源を生むことも得よう。これは他に預けるべきだが、歴史上の重大人物が揃う話である上に、折から、何処に於いても観光立県を標榜している。これは可能と言って良いものだ。事実は小説より奇なり、も覚える。

小説以上の事実であるにしても、「でも、やっぱり想像が過ぎている」と言われるかも知れないところのものであり、今申し上げた様に、これは他に預け、その評判に任せるに如かず。功名は誰に帰するも之を妨げるべからず。但し、関係機関がいつでも等閑であって良い訳は無い。

まだ腑に落ちないものがあった。それは、安達盛長という鎌倉幕府建設に於ける不滅の功臣であるべき者の、「その父に就いての無様な話」を、「何故に」幕府公書とされる『吾妻鏡』に書き入れたのかという事だ。それは、この書のテーマ・陰謀論によってしか説明し得ないものであろうか。姻戚関係のものにしか為し得ない推理であろうか。確かに申すべきは、これは氏族的の、「先祖を正しく祭るとする義」の問題から出たものであり、断じて小説を書く気で成し得るものではないのである。

小説は書けないと申し上げたのはこの事だ。又、**今すべき事は小説の執筆ではなく、手に余る事象群に就いての有るがままの紹介であり、調整である。**そこに喜怒哀楽が入っているだけのものだ。私的に始まったとは申せども、国家の命運と密接にあったものであるから、こうして不遜を省みずにするのだ。

誰でも遠い昔から取り上げれば、夫々加害者であり、又被害者である。例外は無い。それは他人同士だけの争いというものではなく、身内同士のそれも甚だ多かったとしなければならない。

小生の場合、最も被害を受けたのは兄からである。幸か不幸か兄は未婚であったから何を言っても怨まれる事が無いので、例えに引き出し易いのだ。小生の若年、日本の農業が極端に減少するとは思われなかった。大学の「法学」の授業で、民法の権威である教授が「民法に於ける最善性と次善性」という教科書を用いて、例えば農家の相続問題についての講座をしていた。父の死期の近い事を感じていた小生は、農地の分割相続については保守の立場であって、自然とこれに関心が深かったから、父の目論見、生前相続に全面的に協力した。教授の授業内容に並行すべきものであった。

そして、十年後、殆どの財産を一括相続したに等しい兄がそれを全て失うべき事件が起きた。箸にも棒にもかからない愚者である事は途中で十分に気付いていたが遅かった。生前、父は兄を評して「頼朝だ」と度々言ってたが、想像以上のそれであった。そこへ来て、日本社会には従来とは比較に成らないほどの異質なものが蔓延って来たのだ。

土地ブームと東京通勤可能圏という事で、当地の家数が従前の百倍にもなり、土地の家柄など頓着しない世相となってのそれであるから、どこから危害が降りかかるか判らない所へ、「バカ殿」の相続であったから、眼も当てられぬそれとなった。土地の者とて、家柄ではどうにもならないものと、妬んでは破壊すべく工作するのもいる様子であった。上杉謙信の信奉した君臣関係の美徳など疾うに失うべき社会というものであった。

その事件は二十年以上も争われた挙句、兄はその財産価値をゼロにして失踪した。小生は早くから「家督権のみ護る」と言う背水の陣で臨んでいたから、兄が財を失ったところで打撃感は少なかった。天からの自分への所与は、人間精神の追究に関するタレントであるとしていたのであり、小生の場合、このタレントは家の過去内容と不可分であるとしていたのだ。人の歴史には始まりと終わりがあり、それを自覚する事から、自然、家の過去を「燔祭に捧げる」という気持ちが芽生えていたればこそであった。

「人を高みに導くのは精神である」とする「精神的範疇性」を自分なりの哲学としたのだが、無闇傲慢な競争心から生ずるところの「卑しさ」をしたためるにつけ、何よりもそれを避けたいと思う事から得たものである。

尤も、芸術や学問に於けるそれには尽きること有らざるべしとも思う。お金があればもう一度理想形の家を設計し直したり、造ったり、又、植木のそれをもしたいと思う毎日である。そのセンスには自惚れもある。歌はカラオケで、プロの方から褒められたが、これは人には絶対に言わない事にしている？　ちょくちょく言ってる。

国淵・遠兼・兼盛・遠元・遠景、この全員が生没年不詳とある様に、何者かによる経歴の隠蔽・改竄は確実とすべきであろう。子孫が困惑・噴飯したとして道理のものとしなければなるまい。これが加害者の狙い、目論見であっただろう。この様につくづく思えてならない。それでも被害者の立場であれば、精神的には、ある程度救われる。

加害者の立場にして見れば、これこそは社会階層的闘争の最たるものであっただろうから、この様に、この者たちを餌食にして、徹底的な変形を図ったのであろう。こうした問題は国内の歴史上の出来事に限ったものではないらしく、現代の国際社会でも、歴史的劣等地位に置かれた国家民族の、唯一の抵抗手段から生じているらしいのは、実に以って悲惨とすべきものであろう。

それにしても、我が国の歴史物としてあるところの、『平治物語』・『平家物語』・『吾妻鏡』・『尊卑分脈』・『系図纂要』・『群書類従』、というのは何れも大書であり、互いの矛盾の大なるを見れば、研究者が揃えて議論をすべきであり、事実なされて来ているが、遠元一族に就いての考察に限っては最も欠いてるというのが合点出来ない所だ。

研究者ならば誰でも不審に思うべき箇所であろうよ。武家政治成立に於ける或いは最大級の関係氏族に纏わるその学究調査に、自他はあるべきでないのに、この異例の公家一族についての詳細を論じようとはしなかった事には、呆れざるを得ない。

天下の権を掌握した武家が徐に消し去ろうとした前支配者存在、つまり我ら藤原一族の、その過去の為政者能力と事績は後の武家のそれ以下のものであった、と武家側が唱えるのを、ある程度是認する事には吝かでない。だが、それを誹謗するに敵意を含め、真実有った以上に曲げ伝えようとする証拠が、現代、ここにある。我々遠元一族系譜の被災性は陳べてきた如くであるが、七百年に及んだ武家支配の間には、**過去の公家存在に対する普遍的の復仇心を強く感じさせる**ところの、次の様な事例も生んでいたのだ。

武家中心史観のとても強い千葉県内に伝わる「風土物語」のひとつであるが、それを紹介して見たい。当然、武家の血を引く方、或いは贔屓の方の投稿記事であろうが、旧上総国の大多喜地方のもので、表題として『**行明親王と横山**』とある。

……、上総国司として住まわれたのは、十六歳でした。上総国史や房総史によると、天慶四年（９４１）上総国の街道を南に下って来る一行が有った。……『私はこの地に住む』と供の者に言って峠を下りた。うしろに山をひかえ前には広々とした台地が広がっていた。この地に館を構えた人こそ行明親王であります。親王が通った堀切の里には『平』という豪族がおり鶴姫という姫がいました。姫は甲斐甲斐しく親王の身の回りのお世話をしました。一方親王は都に妃を残してまいられました。都は藤原氏との政争の渦中にあり、妃はその中心におりました。政争は朝廷側近の権力争いで、宇多天皇も醍醐天皇も菅原道真を登用し藤原氏の専横を抑えましたが抑えきれずついに道真は大宰権帥に左遷され、配所でなくなりました。……、親王が横山に住まわれて七年が過ぎました。その名声は伊甚（いじみ）より市原の荘、長柄郡、山辺郡と上総一円に広がり、徳を慕われました。この噂は忽ち藤原氏の耳に入りました。藤原氏は村上天皇に後の不安を取り除くためと讒言し密使を上総に使わしました。表向きは贈位の使者として、親王は一行を密使として迎えました。が一行はたちまち暗殺者と変わり、酒盛りの最中に懐に隠し持っていた短剣で親王を突き刺し殺してしまい館に火を放ち姿を晦ましてしまいました。親王は燃え盛る館から這い出し池の淵で息絶えました。堀切でこの火を見た『平』は兵を集めかけつけましたが館は落ちたあとでした。……

この物語には藤原一族と平家との明確な対比があって、興味深く読み終えたものです。我ら藤原一門に、これと似た、或いはこれ以上に悪辣な行為が何処其処かで有ったであろう事は、残念ながら、否定出来ません。甚だ遺憾とすべく肝に命じる所であります。

然し、この物語に登場する人物と時代背景に限っては、相当に無理な組み合わせがあると思います。これは小生の家が最も世に出ていた頃のものでありますから、違和性については直ちに感じ取っていたのですが、武家や庶民の為政者に対する怨念がそこまであり、ここまでに伝えられている事に驚愕したものです。それだけに、いま少し史実を感じさせてくれる題材を用いて下されればと、残念に思います。

先ず、この投稿記事作者の方は「上総太守になられる親王が、本来、『遥任制』という事で現地赴任は無い」という事は御存知なのですが、それを敢えて現地行きを断行されたという行

明親王（926～48　宇多天皇皇子　異母兄の醍醐天皇猶子）御自身の事情というものは、殆んど偽造されたものらしい事から、改めて考察し直されるという、謂わば絶好の機会的の、作者の「奥深い提示」があって然るべきかと思います。まあ、陰謀史というものに慣れておられない方には無理かも知れないのですが。

武家平氏の存在の気高さを演出すべく、為に藤原一族の名を貶める、という他愛の無い民話でありましたが、正直、これを聞けばやはりあまり気分の良いものではないのです。

行明親王は宇多天皇の皇子なのですが、天皇が御年五十九歳の時のお生まれでありましたから、皇子の兄君・醍醐天皇の御子に加えられた存在であり、その御母は、その生前政界の第一人者でありながら三十八歳にて早世した左大臣**時平**（871～909　摂政基経の子　99左大臣　901道真左遷　延喜改革政治推進者）の娘**褒子**（京極御息所）でありました。

醍醐天皇はご自分とは随分と年の離れた道真公をお嫌いになり、時平を重用なされての二人三脚にて当時的大課題を克服すべく、「荘園整理令」をお出しになられたのです。それが**後世まで「延喜の治」と称えられる**ものです。親王にとって最も大切な外祖父時平を含めての、藤原の者ら全体を誹謗するが如きの論説というのも如何かと思うのです。

又、天慶四年と申せば「平将門の乱」のすぐ後ではありませんか。その頃、京の藤原一門は時平の弟**忠平**（880～949　30摂政、36太政大臣、39准三后、41関白）が天皇の覚えめでたく、その全盛期であり、周囲にも温厚な育ちの者らが揃っており、権力闘争など誰も聞かないところです。

皇室におかれても、その時期、皇位継承争いはありません。この物語の主人公行明親王ご自身もいまだ十六歳に過ぎませんでした。お妃が政争の中心であられたというのであれば、極異常の方に違いありませんから、是非そのお名前を書き出して頂きたかったと思います。史実としては、親王のお妃は左大臣時平の子**顕忠**（８９７～９６５　左大臣贈正二位）の娘で、親王の母方従妹になります。

顕忠は、９６０年、従二位右大臣となりましたが、謙虚控え目の人物であったと伝えられています（別伝があれば、重大です）。妃が政争の中心となっていたという過激な記述でありましたが、未だ二十歳に達しない年齢の筈であり、恐らくはその歴史資料は無いのでありましょう。もしも有ったとすれば、それこそ藤原一門の汚点になる事ではありますが、薬子に倣う歴史的悪女として世に紹介すべきです。

この様に、**殆んど虚構の話を以って特定の、この場合我ら藤原の、名を挙げて攻撃をなされるというのには暗い趣向を感じます。**寧ろ海音寺潮五郎先生の『平将門』での描写に見られる様な、折からの地方の荘園開発ブームに乗って、一族間に土地所有を巡っての醜悪な対立を来たし、死闘を展開した桓武平氏こそ世を騒がせていたのです。これに就いては全く言及されておられない事に戦慄を覚えます。千年以上の昔の話とは雖も、歴史的に曝されては非難され易い存在、我々藤原一族にとっては、常に昨日の如しなのです。

物語中のお言葉ではありませんが、それこそは全くの讒言・虚言に基づくものであり、好意は持てません。以上、正直な感想を述べさせて頂きましたが、悪しからず。

この話と類似のものに「義経と静御前」、「護良親王と雛鶴姫（南方）**」などがあり、日本史に於ける主人と側室に見られる真の恋愛と、時としてある無常な悲劇性、が感じられます。**

さて、顧みるに千葉県には不明朗、かつ不明瞭な等閑の歴史が頗る多い様に思われる。堂本暁子知事の時代に折角に県当局が声明したところの、「**千葉県は歴史の宝庫である**」と**いうのは一体なんであったのか。**知られるべく詳細に挙げるべきであろう。過去記述の誤り（これに胡坐をかいて不当な利得を貪っている輩が多い事実がある）を質すにも必要であろう。

第四節　坂東平氏らの動員と武家政治の実現

公家に位置しながらも、母が坂東平氏であったが故に、坂東の武士たちに絶大な誇りと希望を齎していた**遠元の存在**無しには、「源三位頼政の平家打倒という目論見」も「以仁王の令旨」も、もとよりあり得なかったであろう。これは日本史を改めて考究するに於いての、根源的の事柄の一つとすべきものである。**当時の諸状況を俯瞰する**ならばそうであった。

遠元は立場の正反対から清盛のそれとは違う在り方を以ってしたが、公家と武家の断層を埋めた確かな存在であり、そこに清盛と齟齬を来たすものは何も無かった筈である。清盛と頼政の関係にも劣らぬ盟友のそれを思わせるものがあったであろうと想像する。三者は武家政権への歩み速度までは知らずながらも、**時を以ってこの世を支配するという天のその絶妙の導き**を受け、夫々の身を以って互いに合力しながらの日々を送っていたと申せよう。

竹内正道先生は頼朝の挙兵に遠元の存在が強く与ったとされ、「東国では以仁王を『新皇』と呼んでいました。遠元は『新皇』の姻戚でした」と書いておられる。

遠元と頼朝の関係は公史には全く論述されていないので、一般的にはこれに触れる事は不可であるが、一部の読み物に流布されているものであっても、そのあらましは真実と懸け離れた印象付けを齎し、却って理解を誤らせかねないものが殆んどと言えようか。

この二人の関係はある種運命的のもので、時的に高まったものでもあった。二人は確かに師弟関係ではあっただろうが、まさか清盛への敵対陣営に揃って立つとは思わなかったであろう。だが「反平家」連合のその主要メンバーすなわち後白河院・八条女院・以仁王・光能・頼政らはこの二人の及ぼす「東国武士に対する絶大な動員力」に期待した筈である。

その証左は、不成功に終わったとは雖も「**以仁王と頼政の関東行き志向**」に先ず表われ、次いで遠元の養子盛長の関東平家方への工作、遠元の武蔵武士団引率、などに十分顕示されている。盛長に同じ天野遠景の活躍も相当大きかった筈である。**その詳細は隠されたのである。だが、隠し切れないから彼らは武士として語られたのである。**

遠元の基本的の立場は、あらまし鳥羽院・崇徳院の近臣としてあった父遠兼のその子として同じ道を歩むべくある所、後白河院の近臣として捉えるべきであり、時節には院の御意向を関東に伝えるに最も相応しい存在であったであろう。当然、頼朝に対し、然るべき折に挙兵の為の最後的心得を伝授すべきであって、彼に代わる公家はいなかった筈だ。

遠元家の外戚になる頼政家は何にしても伊豆国主の存在であり、流人頼朝を監視する立場であったから、院の御意向を受ける遠元の都合の操作は容易であったが、以仁王の挙兵は、八条女院の御意思はともかくとして、諸般の事情、特に清盛の監禁下にあられた後白河院のその御賛同を得たものとは言い難く、遠元の行動経緯も暫く不確かなものであった。否、院の御立場第一とすれば遠元の一切の行動こそは知られるべきでなかったであろう。

それを隠蔽的に充足したと言うべきが、**「伊豆の頼朝の配所に不意に現れた文覚という怪僧の話」であろう。**文覚は廃寺となっていた嘗ての名刹・高雄山神護寺の再建に就き、事もあろうに後白河院に対し、直に「勧進」の強要をすべく宮中を騒がせたにより、不敬の罪で伊豆流罪に処せられた、と言う事で頼朝の前に忽然と現れたという。

若しもそれが事実に近いものを伝えるものならば、そこに一つの推定が浮かび出る。そこに、**院と文覚との間に予めの打ち合わせがあり、それに則って演じられた「狂言」であったのではあるまいか、**というものである。清盛という存在が如何にも厄介なそれとなっておられた院ならば、おやりになられそうに思うのである。養父の信西が評した通りの御性格である。だが、それでもその話の中でどうも完全には納得し難いものもある。

治承四年七月、**文覚は頼朝に対し、「俺が京に飛んで帰り、法王から院宣を貰ってやる」と言い放ち、事実そうなった。**それが真実というものならば、では、それよりも当然に重みの無いとすべき「以仁王の令旨」というのは何であったのか、それをどの様に価値付けたら良いのか。**何れにせよ、この時期、遠元無しの工作などある筈も無い**事を忘れた話に満ちている。「軍記物」のそれに過ぎないとすべきか知れないのだが、壮大な歴史舞台を借りての、途轍も無く好い加減な話が歴史的に設定されている様な気がする。所がこれはその当時からある話、すなわち当時から疑われてるものなのだから、てんで呆れた物とばかりに片付けられないであろう。謎と言うべきはその様なものであろう。

文覚（世俗の系譜は**渡辺氏**）は一連の行動を「光能との姻戚関係」を以ってしたと云う。詰り彼は頼朝と約束したものを光能に依頼したのだが、それが成ったとするのは光能の立場・院の最高臣であり且義兄弟という殊なる事を物語るものである。その際、光能が躊躇無くその依頼を承諾したものかという疑問がある。文覚という名高い怪人物の存在からすればそういう事は当たり前に有ったであろうが、君臣・姻戚関係にあろうとも、院と光能の直近周囲には「清盛の目」が常に光っていたのであり、ましてや流人と知れた文覚の謀事が、清盛のその非常な監視下にある後白河院の周辺ですんなりと推移する筈もない。

それで、そのあまりの唐突さに光能はやはり躊躇しながらも院への奏上はする。**それを受け**

た院は、後年、頼朝もつくづく嘆くほどの天下第一の大天狗・陰謀家であられる。院は院なりのお考えがあって、「院宣」をお出しになられた。「偽の院宣」として。恐らくはそんなところだったのではあるまいか。桂小五郎（木戸孝允）ではないが、逃げ所が無くてはこの世は適わないのである。或いは院宣と令旨の両立は辛うじてそれで理解出来るとする。

人々は事実と小説の違いというものを知っていて、その上で「軍記物」を読んで来たであろう。だが、怪僧文覚を取り上げてのそれは非常に面白く、一概に史実でないと刻印するには惜しい物であるのは確かである。それに対して或る方が「小説家は嘘ばかり書いている」と慨嘆されたが、これにも殆んど同意したい。が、本邦に於いてはそれ、「小説家が嘘を書くのは普通の事」という前提があり、それでも読者多数という次第がある。娯楽として軽く読んでいる事、請け合いなのだ。真の史学者など無力か殆んどいないに等しい。

物事の伝達推移には少なからず理屈から乖離しているものが多い。加うるに、嘘も百回続ければ本当になるとも言われる。**軍記物による欺瞞工作と雖も、武家支配社会が七百年も続けば、それが事実とされてしまった例はそれこそ無数に上るであろう。**

或る所で偽系図に憑依状況の御仁が、社会的に許されざる事を、一族の名誉に関わるとばかりに、白昼堂々と大威張りで断行してのけた事を聞いて、小生は開いた口が塞がらなかったものである。よくもまあ、二百五十年も前に建立され、あるべき場所にあるものを。とんでもない事を。家柄意識もそこまで行くと手が付けられない。

所で、「院宣」につき、論議が史的にあるのであるかと言えば、ある。古来、その代表のものとして、**慈円による見解が知られる。**曰く、「ヒガ事ナリ」。**つまり間違い、妄説だというのだ。成程そうかも知れない。これでは浅学の小生としては結論を得ない、避けたい。**ところが『系図纂要』の北条時政の項では「賜院宣、発兵」となっている。既述、偽の院宣の可能性であるが、状況的には充足させ得るものであろう。すなわち、後白河院の御策謀の最たるを髣髴させるべきであろう。何れにせよ、「三権を解かれていた院の義兄弟・光能の最終的の受難があった」として已むを得まい。すなわち、治承三年（1179）の清盛による「クーデター」、「後白河院の幽閉」などに伴う光能の罷免、それに続くべきものとして、「罹病薨去」という名の追加処置（1183に所殺?）があったと想定したい。文覚と絡めていたならば尚興趣深いものを感じる。

さて、母を坂東平氏の最有力の一つである豊島氏とする遠元の役目柄は、頼朝軍が武蔵葛西の地に到った時に鮮明化した。殆んどの武蔵の有力武士団が彼に引率され、時勢に照らせば、都鄙に期待されるべき彼の面目躍如といった華々しい状況であっただろう。

後白河院や八条女院はそれを初めよりご存知で、「持ち駒」とされていた筈である。遠元の娘が院近臣の光能正室として迎えられているのは、その事を何よりも証している様にも見える。これは少なくとも一門の永遠のテーマであるが、そのまま一族に留め置くべきものではない。そこから派生した筈の大江広元・毛利輝元・毛利公爵家という、時折、日本史を確かに作り上げた「難解な家系問題」の端緒ひとつをとってもそうであろう。

過去、遠元の立場を組織的に不明確にした、すなわち歴史改竄の犯人たちに就いては、大方、目星が付いている。それは述べて来た様に、遠元の系譜関係に限ってそれらしき周辺勢力による不明化工作が暗示されているからだ。勿論、そうした人物群には階級的且つ時節的の必然的動機があった。詰り、その群像の範囲は特定困難というものではない。

その従来を大きく越えた地位を得ても、門閥はやはり「親の敵（福沢諭吉の言葉）」なのであり、政治的地位の確立といっても、それだけでは過去の階層的すなわち社会的の恨みを決して晴らしてはいないのだ。藤原光能による大江広元生母の処遇問題ではないが、往昔の系譜的動機は根源的なものであり、処理に時間が掛かっても妥協が無いのである。

大陸では、こうした場合、勝利の証拠は**敵の殲滅**である事から、問題が残る事は無かった？だが、慈悲の仏教を国教とした国柄である我が国では、**敵の生命的存続**が許されたから、その代わりとして、非条理悲惨の処置が現出されたのである。敗者は固定的に落されたのだ。

現代の日本国の支配形態にも、全く同じの心理動機状態が埋め込まれている様に感じられる。すなわち、我が日本国の戦後政治を顧みると、復讐性を目論む勢力が支配の場に大座し、猶、その無慈悲とも言える意志を強めている様に感じられる。

近代民主主義なるものは「人類全員の精神」によって世に用いられているのではない。近代民主主義を導いたジュネーブ生まれの哲学者が想定したところのものとは、似ても似つかぬものが、「手段」として導入されているのである。それこそ「最適の道具」として。この場合、その選挙なるものに「不正に多数を集めるべき情理と工作」が持ち込まれるのであるが、これが巧妙な剛柔二様の道具としてのマスメディアである。必然、人心は権力によって誘導されては全体が欺かれるのであるが、「**衆愚政治**」とはその事を言う。

勝利者が単に新しい統治者ならば時的の道理に基づくべきだが、概ねは過去を背負い続け、それが復讐を欲してる場合が多々あり、時空を通して常に最悪に繋がっていたであろう。そのしがらみは数百年、更には一千年をも超えるものもあるのであるから疎かには出来ない。**翻せば、「新の王莽」の方が遥かに善人だったと思えてならない。**

殆んどの人は「千年の家柄」というものには敵わない。それが有効である時、それなりの文化的価値を認めるべきだが、それを、「**根に持つ**」、**すなわち逆らう存在**も目に見えるほどにあるのだ。それでは好い加減な折り合いを期待できない。社会的存在意識というのは時を遮断して容易に解く事など得ないのである。小生は、せめて自分自身のそれだけでも見据え、克服したいとして、「**精神的範疇性**」**なるものを自己的に規定**した訳である。

近代・現代社会に機会の均等、富の公平を誠実に図るべきならば、先ずは選挙などという「**人間の不平等起源**」を助長する様な機構を改善しなければなるまい。選挙制度の実態は金持ち優位、名門出身優位、意志的強固者優位、と言った状況を必ず現出する。この中で、復讐者は意志強固の存在者に属して勝ち負けに拘り強く、哲学的志向すなわち人類精神の向上に心を注がないそれである。小生はそれを分類して前者に相対の「**意志的範疇性**」としている。**その彼らが予定的に選挙に打って出る確率は非常に高いと常に警戒すべきである。**

現今に目立つ遺憾のそれを齎したに就いては、斯様に、原因は断じて性良とは言えない陰湿のものとすべきであり、対しては、寡聞の知識体系を以って「陰謀史観」などと申す事勿れ。陰謀群は必ず破れよう。**隠れているもので知られてこないものはないのだ。**

社会は未来に向かって正しく改革的に歩むとは限らないのであり、それ故に観察と記録が無ければならないのであるが、それを欲しい儘に隠蔽・改竄したならば、文化はもとより正常則を望めない。遠元一族・姻戚の歴史を見る時、そこに甚だしい被害性を感じるのが大袈裟でない事は縷々述べてきた通りである。

清盛のクーデター時点では、遠元の外孫**知光**は「弱冠十二歳で正四位下の遥任国司」であった。そして、その官職から追われた事が記録されている。父光能の位階に殆んど近いそれが正しい記録であるならば、**紛う事無き超エリート・コースにいた**と言って良いであろう。世の中が順当であったならば、知光の生涯極位が或いは二位の大臣たるは疑うべからず、というものであっただろう。だが、遠元一門を取り巻く被害性の著しい事から、却ってその残された記録の華々しさを素直に見る事が出来ないのである。

まあ、承久の変後の政局で、その弟の光俊が二位の院司（後高倉院政の最高官・執政）となっているのだから、知光に関する驚異の記録、これには間違いは無いのであろうが。

光俊の娘すなわち遠元の外曽孫は**花山院師継**（1222〜81　母は高藤流葉室家の娘　71内大臣）の正室と成っている。その養女・**五辻忠子**（談天門院）は後醍醐天皇の御母となっている。或いはそれこそは遠元家が南朝に殉じた由縁であったか知れない。戦前、女院は帝を御生みになった後の行跡を強く疑われていた為に、言及は厳に戒められていたと言う。

所が近年の研究では女院の行動は、夫である後宇多天皇の皇后の圧迫によるものであったから、仕方が無かったものとして理解し直される傾向となっている。後醍醐天皇の第一皇子の**護良親王・大塔宮**（1308〜35　27天台座主、32還俗して吉野に挙兵、33征夷大将軍）の**最愛の側室雛鶴姫・南の方**（藤原保藤女）も遠元の後裔になり、更にその弟君・世良親王（?〜1330　聡明で、父帝の期待大であられたが、早世）の養母として語られる亀山天皇（安達泰盛との親交で、幕府と不仲）の皇女**昭慶門院憙子内親王の御生母・法性寺雅子**も遠元の玄孫であった様に、遠元家の血筋が南朝方に傾倒したのは必然の状況であったと申すべきだ。

遠元血筋の歴史的役割を掘り起こすに連れ、足利将軍家はその本宗を許すまじき敵として追跡したであろう。

所で、改めて遠元と盛長の族縁関係を究明しようとする時、人臣摂政の嚆矢であった良房の弟良門に始まる同族同士として盛長出自を語るべきであろうか（良門はあまりの早世であるから、後世、この系譜に仮冒的に繋げる氏族が多出した事が容易に想われる。生死年不詳というのはその横行に却って都合良く利用されたものではあるまいか。紫式部の時代では、或いは未だそれが進まず、弊害には至ってなかったと想像する『源氏物語』の研究者や大大名家、或いは大宗教集団等にかれてはこの事に改めて注意せられ、虚心坦懐であって欲しい）。

良門長男（これだけでは嫡流としない時代）の右中将**利基**のその六男・中納言**兼輔**（877～933　歌人）は従兄弟であり且つ歌人仲間であった右大臣・三条定方の娘を室とした。紫式部や日蓮聖人はここから出るのだが、大臣になる者が出ず、低迷した為に高藤・定方流に比べては庶流視される。**何れにしても、その流れの中に兼盛**（大舎人頭　出家能蓮　盛長の出家名は蓮西）**という人物が出て来る。**

その兼盛の子が盛長であったとすれば、盛長は遠元を本宗家として仰ぎ、更にはその養子分となって経済的不足を克服すべき境遇にあった筈である。すなわちその様な盛長の環境は清盛の不安を解消すべく却って工作依頼を以って、後白河院・清盛・頼政・遠元の親密関係を良く発展維持させたであろう（但し、平安期の遺産相続問題を知れば、それで盛長に十分の満足が有ったとはとても言えなかったであろう）。

盛長の父が誰であったにせよ、清盛一族に於いては何らかの不祥事・不都合な状況に陥っていた事が推測されるのだが、弁舌爽やかであったと伝えられる**聡明な盛長のその真価を清盛が見出せなかった事の瑕疵は確かとしなければなるまい。それで双方に憎悪の感情が育っていたのであれば何をか況やである。抜きん出た英傑ながらも人は不完全なるものかな。**

最終的に清盛は（頼政挙兵後か）遠元の武蔵に於ける権益を奪ったかに見える。仕方が無い事とも言えるが、まあ、その知行権を得て自分の一族の属領とした事が「却って**滅びを急ぐものであった**」という事は確かであろう。これを結果論とばかりにするのは成長的の論者にはなれまい。世界中の富の単独所有の可を幾分でも信じる愚の友であるからだ。

豊臣秀吉にも見られた悪性の老境、或いは不治の病を得た者に特有の性向、に陥った清盛は闇雲に「一族の永存」を急いだのであろうか。

武蔵国内には遠元の足立郡や豊島氏の豊島郡など、新規進出の平家にとっては成り行きの見えない地域が多かった筈だが、若き日のしなやかさ、往年の弾力性などを失った清盛は斯くと老い、盟友とすべき遠元の聖域にまで手を突っ込んでしまったかに見え、痛ましい。平家の延命を図るのならば、それに反する最後の数年の愚行が取り返しのつかぬ所まで行っていた。それを導いた後白河院の御存在は恨めしいばかりであったであろう。

院とて後悔なされるべきだった。最後の最後にその院の院宣が止めを刺すとは無情というものだった。

武蔵国には定住の大豪族集団秩父氏が盤踞し、その二百五十年以前の過去が、将門を討った伊勢平氏の先祖貞盛を怨むものとして在ったから、晴らすべき機会を知るべきであった。五十路半ばの遠元が幼時育った武蔵に立ち帰り、武士たちに声を掛けるのは「下知」に等しかったであろう。そうだ、その時、遠元は単に寄ったのではない。恐らくは外舅の頼政の決意と落命を知り、残っているあらゆる味方勢力の結集を図るべく、関東の武士団に檄を飛ばすべく、の出陣支度であっただろう。

頼政の挙兵も、時宜的には、全く適うものであった。清盛の抱える親類との軋轢関係、関東豪族層の不満、露呈した院との破綻状況、阻害された以仁王とその擁護に当たる八条女院の怒り、遠元女婿光能の解任など、これらを具に知りながら鳥瞰すれば、平家に代わって摂津源氏棟梁が老いを超えて世に出るべきであった。これだけの拠所を持てば、清盛を討つべき「丁度の時機」であった。或いは、清盛には公卿になるに世話立てを得ていたから、況しての油断があり、好機であっただろう。が、陰謀というのは慎重であるべく時間を掛け過ぎても拙いものであるところを、肝心の後白河院と以仁王の波長が合わない。

果して、時の内に密告者を生み、挙兵の為のタイミングそのものが清盛側に奪われ、惨敗を喫する事に成った。**案じられるべきは以仁王の兵法**であったが、初歩の初歩である乗馬それ自体が駄目で、**平家の追撃中に六度ほども落馬**なされては、摂津源氏の面々もさぞかし生きた心地がしなかったであろう。もとよりその原因は以仁王に鍛錬の時など許容されてはいなかった事にあったであろう。それでそういう事に相成った。

何れにしても、遠景もいたであろう伊豆辺りで、「以仁王の令旨」と「文覚の工作」による平家物語中の「後白河院の院宣」なるものが、どのような時系列で作用していたかを論じるに十分な資料は無いが、その「院宣」を書いたのは遠元の女婿光能であるとされる。光能は院の近臣にして姻戚であり、別に院の第二皇子以仁王とも義理の兄弟という関係であった。院の妃・贈皇太后の甥になる天野遠景、清盛の甥安達盛長も揃って遠元の猶子であり、その上に頼政嫡子の伊豆守頼綱が遠元の義弟とあれば、想像を超える濃密な親戚群の集中であったとすべきだ。**この姻戚図を書けた者が殆んど無いというのは寂しい限りだ。**

それに就き或る大学の教授さんにお尋ねした所、**「院宣があってもおかしくない状況であったとは言えますね」という事であられた。**小生は総じて清盛を贔屓する者であるが、遠元の嫡流子孫の意識から、当時の清盛打倒を誓う姻戚群の在り様を尋ね続けている。

明かすべきは、「軍記物」の類が階級闘争的に頼朝賛美を以ってした状況が、実は、後白河院・八条女院を中心とした公家側の目論見、頼朝を「代将化」して平家政権を打倒するに成功したという実態である。**時的首尾は武家政権の樹立でなく、平家打倒であった事だ。勿論、複層的である。**変に頼朝が偽者であってもそれは全く差し障るものではなく、寧ろ事後展開に於いては好都合の事と計算すべきものであったろう。小生も立てたのであるが、之は仮説として可というものだ。

何れにしても、文覚の一件も含めて、後白河院ならばおやりになり兼ねまい。紛れも無い「今様」の専門家というセンスがあられたのだから。

歴史の構成舞台を覗き回るとそう思えてくる。神護寺再建に託けての文覚の派手な立ち回り、捕縛、その身を頼政が受けての伊豆流罪、そこで頼朝に面会させての頼朝器量の全面審査と教唆、院宣を光能と文覚が偽造のものとして発行する。後白河院の巧妙さ・狡さを思えば**これら**

の**一連性は可能であり、見る様だ。**それでも頼朝は直には動かなかった。情勢の厳しさとそれを上回る彼の性格、用心に過ぎるそれに従ったであろう。院が頼朝を嫌悪なされていたというのは、観察をなされての事であっただろう。狐と狸だ。

　軍記物が好んでするその時期の頼朝像と申せば、最善の機会を窺っていたというものだが、これは笑止千万に付すべきで、そうであったならば、石橋山の戦いから葛西での源氏方武士団結集までの道程に見るべき「どたばた劇」を、どの様に説くのであるか。そこに頼朝本来の用意周到性が働いていたとは思えない。葛西にての集結が未解説なのである。

　元鴨川市長であられた長谷川治一先生によれば、房総上陸時に盛長が暫く見えなかったのを、頼朝は「盛長はやはり平家であったか」と言って疑った、と話されていた。小生が盛長は清盛の甥であると申し上げたのに対しての、ご自分の中にある知識事実を思い起こし、照合されたのであられよう。小生はと言えばその時、初めて「頼朝と盛長の距離感」を耳にし、改めて房**総に於ける頼朝史実の認証がいまだ終っておらない事を思ったのである。**長谷川先生にもう少し早くお会いしていればと、つくづく残念に思うところである。

　序に書くべき事ではないが、元木更津市長の石川昌先生にはそれと**「波の伊八」**についての紹介もされた事をご報告したところ、「長谷川さんのお得意だ」と言っておられたが、その時知った**「波の伊八」事〈彫刻家武石伊八郎〉**のその作品に**施された「遠近法」は、葛飾北斎の画法に影響を与え、更に近代西欧美術に歴史的影響を齎したものとして、「先ずは我々日本人**

がその世界的嚆矢を知らなければならない」と思ったものである。

はて、安房上陸に際しては、頼朝は追い詰められ、青ざめている姿をまざまざと思い浮かばせるのであり、『吾妻鏡』がこの時期の頼朝像を記述するのは到底無理と言うべきだ。盛長でさえ股肱の臣でないとすれば、寂涼感が時々襲うのも仕方が無い事であっただろう。頼朝の為の「道」が始めから真っ直ぐに有った訳ではないのだ。それを後世的にカバーした軍記物作者らの競作意識を別して想うべきか。勿論、スポンサー付きのそれであった。

軍記物では八条女院についての真実詳細記述は、虚構事実に背くべきであるから、期待出来ないところであるが、女院は全国に二百二十カ所以上の荘園を持ち、皇室の正統と目され、その御意思は絶大であられただろう。事実、異母兄の後白河院の皇儲二条天皇の准母であられた。そも、二条天皇の養母が女院の母后・美福門院であられたのだ。

そして又、八条女院は他ならぬ以仁王の養母でもあられた。その女院が所有の全国の荘園の武士たちに、密かに檄を飛ばされていたというのである。恐らくそれは「頼朝不起立」という場面での打開策となったであろう。これは後白河院の院宣よりかは女院のそれの方が余程に強力であった事を思うべき所だ。軍記物が語るところの「誰某達による定期的の情報提供が功を奏する」などというのは破廉恥な後世記述に過ぎない様にも思えて来る。

その節、八条院領千葉庄の下司職千葉常胤も坂東有数の武士としてそれを受けた一人であろう。その常胤への使いは盛長が致したとされる。清盛の甥の立場と在れば、之はやはり、監視

も容易に外され、実に打って付けの存在であったのは言うまでもあるまい。常胤が盛長の前で無表情に過ごしたというのは軍記物のあり方だ。下総藤原氏との関係があった事は確であるが、いやしくも清盛の甥に対しての姿勢として、常識的にそんな態度はあるまい。

特殊・苦節の歴史的痕跡という所与からする小生のこれらの小論は、小説家と対比の稚拙とは評されても、著しい誤謬とはされまい。

この盛長の役どころを含め、『平家物語』、『吾妻鏡』、『尊卑分脈』など、揃って真実を映しておらない事が痛切に感じられる。この内、『吾妻鏡』と『尊卑分脈』は武家政権下で重度隠蔽的に綴られた事が察せられるのであるが、『平家物語』というのも、実には、その歴史的運営者である盲目の琵琶法師という「盲官」の解釈・改竄により、次第に変形を受けていたと指摘されている。

すなわち、琵琶法師の一人に重大な出自の者が出現したのである。**明石覚一検校**（１３００ころ～１３７１）という人である。検校には足利尊氏の従兄弟という説があり、播磨国書写山の僧で、「平曲」の中興祖とされ、小泉八雲の怪談小説「耳なし芳一」のモデルとされる。「遠元の謎」というテーマを掲げなければ、恐らくは覚一検校の内的性を疑うなどというのは無いのであるが、今日、このテーマ下にあっては改めての解剖が求められるであろう。人は血筋によって生きて来たのであるから。

『尊卑分脈』の作者である左大臣洞院公定（１３４０～９９）**が公家の代表として諸氏系譜の**

編纂を成すべき時、義兄の太政大臣足利義満の圧力強制があったとすれば、公正を期す事は困難であっただろう。足利氏が歴史の勝者として最もそれを書くべき時であったからだ。これを酌まずに歴史を振り返る事は不可である。肝心所と捉えるべきなのだ。

公定は藤原実夏の子であるが、母は中納言持明院保藤の娘であった。保藤には正室と側室があり、公定の生母は室町院右衛門督局という側室であった。それに対して、正室として光成の娘・室町院別当局がいた。遠元・光能の血筋絡みのこの正室と公定母である側室の間に対立が全く無かったと言い切れようか。因みに光成女の生んだ保藤の継嗣・保俊の生没年は不詳となっている。その子の正三位権中納言保冬のそれは明記されているが。

公定が実夏の後継となったのにはとても複雑な経緯があり、最後は義兄の義満の力が与かって決したのであった。

足利氏の歴史的外戚に上杉重房と日野時光がいる。上杉氏は遠元流が高藤流の本宗であるに対して、その支流と位置付けるべきであろう所が、実は上杉氏は、高藤室の宮道氏の縁筋であるとする研究者もいるのである。どうやら、系図的・階級的の闘争の根は多面的で相当に深い様に思える。だが「後世的に大敗・没落・庶民化した不運の遠元家の立場を以って、すべての同じ不遇の氏族のそれを代弁するのが小生の使命であろう」と斯く書いているのである。真に図るべきは全人出自の平等であり、これが小生の哲学の基本である。

公定は『太平記』の作者を小島法師としているが、諸説の中には法師は南朝の大忠臣児島高

徳であるとの論もある。これはまた非常に興味深く催す次第である。高徳の系譜に就いて公定は卑しい身分と書いているが、他書では皇別、或いは帰化系とするなど様々に記述されている。戦前は南朝の大忠臣と讃えられていたその高徳も、戦後は「架空の人物」というのが有力とされるまでに、その存在感を失ってしまった。

南朝と運命を共にし、朽ち果てんとしたのを辛うじて生き存え、最後的には往年の所領足立郡に神主・郷士・農民として土着した遠元流本宗家は、近世の豊臣・徳川期を迎えた。千年を超える歴史を抱えれば抱えるで、余計な思いが更に重なるものである。空想ではない。無ければそれこそ自由自在に小説も書けようものを。歴史の発掘とはいうのであるが、思うに人には夫々に縛りがあり、それから一定距離以上には逃れる事の出来ない存在があるというもので、どこかの熊吉さんの犬猫描写で足る「拒否の無い存在」が本当に羨ましい。

小生は平家や足利氏を時には批判するが、恨むなどという事は全く無い。又、明治御維新の際に「３６０町歩の新田開発権」に纏わる小生の家の諸々の特権を奪ったその元勲らの行動も怨まない。

当家の没落劇には松戸の分家を井上馨が自分の一族待遇とし、操作していた疑いもある。何れにしても、当時、小生の家の没落は広く衝撃を与えていたらしく、当地が属した千葉郡犢橋村の初代村長の成り手が無かったらしい。結局、曽祖父の義弟・笠川内記がなっているのだが。それに関係するものか、「地租改正時の当地の区長」という人物高橋何某という存在そのものが、「架空」のそれであったらしい。これに就き千葉市史編纂室のご協力も得て何度も調べても解明する事は得なかった。まあ調査の為の当時資料の不足という問題であろうが、当時の意図的欠損であるか、腑に落ちないものが多いという事だ。

南朝に味方しての結果の公家立場の喪失、土着して数百年の郷士・貧農を克服し、漸くに農民としての繁栄を獲得しつつあった時分の打撃であったけれども、国家にはその都度の事由状況というものがあり、時を経れば受容すべき事だ。何も愛国心とか郷土愛とかと大げさに申す事ではなく、こうした和・環・輪の心はこの日本国に生を受け、自然の幸せを普段に求めるに当たり前のものであろう。

「**貧しくして怨むこと無きは難く、富みて驕ること無きは易し**」と論語にあるが、**驕りも怨みも等しく卑なるものとしなければなるまい。江戸期の武士の様に、清貧を愉しむのも良いではないか**。いや、平家の公達の言葉ではないが、見るべきものは見たのである。

小生は日本史に、武家の成立無くんば、その後の本邦の世界史的の名誉獲得をなす事あらじと特に思う者である。小生は東国武士**豊島泰家**（その孫は遠元の従兄弟で、奥州第一の名門の祖とされた陸奥総奉行葛西清重であった。奉行は国司に勝る存在とされ、上野奉行安達盛長、九州総奉行天野遠元という遠元一族の殊なる特権であった）の血も引く故か清盛公や尊氏公が嫌いではない。

清盛は危機的な国家財政を見、それを立て直すに、父忠盛に倣う対外貿易を進展させ、その利を少なからず朝廷に奉ったとされる人物である。それを知れば改めての敬意を持って語らねばなるまい。

それにしても、「武」という備えの無い所では国家のロマンは儚いもの（戦後の日本国のそれは、「北宋やその後継の南宋」に同じの、アメリカの属国の如き実態がある）で、公家が没落しての体たらくは結局全てを失うべき道理となった。伊勢平氏は必然的に転じては征服者集団となったのだ。

国家が「武」を備えるのは、その「字の構成」の如く、敵の「戈」を「止める」すなわち異族による侵略意図を挫くに絶対的の必要事項である。「夷」も「大」きな「弓」を持っているのだ。而して平和の維持は武備によって適うのである。その否定は反国家である。

中国で発明されたこの表意文字というのは真の合理性を持ち、人類の文化現象でも最高の発明の一つとして讃えられるべきものであろう。現今、中国の若者層に「旧字」への憧憬・復活熱が生じているというが、全く同感であり、心より声援を送りたい。

「黙示録」によれば、「万軍の主」は改めて「天使軍」を組織し、悪の勢力を滅ぼすとされる。それを反対側に立てば、いかなる悪人存在であっても、それが敵ともなれば負けずに武備すべくあるであろう。「陰謀論」に依れば、悪魔勢力は神の十を超えて十一を目論む、とされる。生あるものは自分を守るに全力を尽くすのである。

全ての国家にとって、「戦争能力」を完全に封印する事は不可・不合理・非現実であるべきで、それに反論するものは、多く、決して平和勢力ではない。そこに「核廃絶論」をも含めての何者かの利己的意図性、滅びへの誘導があるのだ。それが形を変えた「敵の戈」でなくして何であろうか。武装鍛錬を欠き過ぎた公家の末葉として警告するのだ。適度の武備こそ平和を維持するものである事を忘れるべきでない。何度でも言う。**無防備こそ敵を育てるのである。**

或る政治家がいみじくも言われたのが「普通の国家」である。無防備は泥棒や強盗を養うに等しいのであるから、これを防ぐのだ。「天道」をあるがままに敬遠致しながらの相対的の在り方こそが争いを多く未然化し得るもので、これを「普通の人道」とすべきである。すなわち、古の何時か、一度開いた国家の光明は出来る限り護るを良しとすべきであろう。これによれば、過去に於ける公家と武家の対立など、過大を伝えると雖も実には然したる問題ではなかったのだ。それよりかは先ずは敵に備える事であろう。その為には時に悪法も辞さないというのも相対的の論なのである。

遠元の歴史的心情は、血筋に通じて坂東の武士たちに対する親愛に有った事が偲ばれる。義理の孫に当たる大江広元を「鎌倉幕府の総理代理格の司法長官」として招いた事にそれが伺える。覇府の法的整備こそは武士たちの荒んだ精神を鎮め、必要以上の戦乱を阻止すべきものであり、新たな統治者精神を培うものであった筈である。而して、広元を初代の執権と説く学説もあるのだ。

時の内外情勢の危険に対峙するには、先ず第一に、統一規律が必要であった。遠元は坂東武士の基本的兵法・規律を祖父豊島泰家により伝授されていたとされ、公家武官の基本的教義を生まれながらに修得していて、後は法律的専門知者の広元にその整備を託する事をよしとしたのであろう。

武家事に慣れた遠元と清盛・西行らの交友関係の記録が残されていないのは最も疑わしい事柄と言うべきであろう。 勿論、**遠兼と忠盛・俊成・頼政らに歌詠み的の交遊録が無いというのも全く同じである。** 最高度の文化社会を営々として築き上げた日本では、公家や武士は身分を越えて、武道や歌道で少なからず交友していたのであり、例えば忠盛に伝えられる誠実な史的像を見れば、公家にも絶えず学んでいた事が偲ばれるのである。左大臣頼長による彼への絶賛を重ねて知るべきだ。

ここで清盛と遠元の比較に於いて、両者に共通性があるのに気付く。

保元の乱に後白河天皇に付いて勝利した清盛は、播磨守兼帯の大宰大弐（大宰府は「西の朝廷と呼ばれ、その事実上の長官は多く大弐であった）となり、その後、平治の乱にも勝利し、国家の兵権を手中にした時にもその地位を保持し続けている。国家要請なのだ。

この小論の要諦は日本史に「新しい視点」を紹介する事である。歴史の陥穽から来たしている歴史学会の「馬鹿状態の壁」を打ち砕く事なのである。

日本史では、平家政権の崩壊によって日宋貿易が中断されたとしているが、それはそうに違いないのだが、具体的にそれを証明するものは無く、この面では東北の藤原政権がそれを継続していた事が強く推測されている。国家の変事を大きく明かすのは国際的に得策ではないのであるから、日宋貿易は奥羽の藤原氏に預けておれば無難であった筈なのだ。

後先の記述になるが、その時期大陸の趙氏宋朝（960～1279）との貿易環境には、宋朝側に重大な異変続きがあった事を知らねばなるまい。

遼帝国（耶律遼王朝　916～1125）からの独立を果し、更にそれを滅ぼした女真族完顔部に発した王朝・金帝国（1115～1234　女真族は後世に大清帝国を現出する）による圧迫から、宋帝国は奇想天外な外交関係に陥っていた。そこには金帝国という強者が弱者宋帝国の伝統文化、文治主義によって齎されたそれに惹かれ、慕い続けるという歴史的現象が存在したのである（西方バビロニアの古代史にも「グティ（現在のクルド民族か）」という勝者が敗者の高い文化を保護する現象があった）。徽宗（1082～1135　在位1100～25　北宋最高の文人・画人の一人）という文化英雄的存在の大影響力によって語られたものである。

更に1126年（清盛の八歳時）、欽宗（徽宗の子）が金帝国によって都・開封から北方に拉致されるという「靖康の変」が起き、宋朝の中断という事態が齎された。それで、欽宗の弟が華南地方で即位（高宗）し、帝国の再興がなった。これより「南宋」と呼ばれる事になる。

所がそこに古今の名将岳飛（1103～41　34節度使　40金の総帥の軍を破り開封に迫る）が現れた。彼は華北を征服した金帝国に対して抵抗戦を開始し、連戦連勝を以って中国史上最高の英雄像を具現して見せた。漢の武帝の時の、不敗にして早世の将軍・霍去病の再来であったか。だが、宰相秦檜（1090～1155　1116科挙合格　27金の方針に猛反対して連行される。30脱走帰還。31宰相）の下に和平論が強まり、主戦派の岳飛の処刑に至った。

それで、南宋はその後135年も生き存えたのであるから、秦檜の和平策が必ずしも間違っていたとは言えないのだが、**岳飛処刑の翌1142年に結ばれた「紹興の和議」**の内容を見れば、それは余りに酷い状況を齎したものであった。内容は宋朝から金帝国に「金二十五万両と絹二十五万匹を貢ぐ」というもので、非常な屈辱的のものであり、属国の扱いに違いなかった。**それ以上に漢民族を貶め、嘆かせたのは、宋朝の上層部の女性のほぼ全員、つまり皇太后、皇后、妃嬪らをはじめとする一万名を越す女子が金帝国に連行され、諸官、将兵の慰み者にされた事である。その為に設営されたのが「浣衣院」という忌わしい施設であった。徽宗の未亡人皇太后は恥じて自殺した。事実であった故に漢民族はそれを伏せたいのであったが、それを歴史として記録すべく、金・宋の双方の調査文献が遺された**（女真族の伝統政策であるか、後世、清帝国は李氏朝鮮を属国とした時、毎年、三千名の美女の献上を課している）。

それを齎した秦檜への憎悪と岳飛への追慕はその後、1204年、岳飛を「岳鄂王」と追封し、「岳王廟」の建設となって現れた。その廟の前には、売国奴とされた秦檜夫婦が裸の状態で縄に繋がれ、正座させられた形の石造が置かれているという。漢民族の愛国心の凄まじさを知るべきところであるか。国を構えるにはそうあるべきであろうが、秦檜の施した融和策が無ければ、「大陸に於ける当然の現象」である「皆殺しという悲劇」を招いたであろう事も深く思うべきである。「後からだったら何とでも言える」という例えが此処にあると言えるであろう。後世にも多々見られる「悪世の始末」だ。

岳飛が三十八歳で処刑された時、清盛は二十三歳、遠元は十六歳位であった。そうした大陸の厳しい情勢を知らぬ筈はあるまい。当時の極東国際情勢の次第によっては、我が日本もその余波を被る可能性が大であった（現にその百三十年後の「元寇」がそれであった）のであり、その為の堅牢な官員配置が期されるべきであった。その意味でも、**清盛という武家出身の「不世出の英雄」の存在は、否定すべからざる存在であったというものだ。**

その清盛の薨去というのは、日本にとって、外敵に対する万全の構えというものを一時的に解いていたという事であり、一大危機と振り返るべきものかも知れないのである。或いは、**天野遠景の「大宰大弐」という任官経歴**はその時期辺りの事であったか知れない。その豪快な履歴の謎を語るに、改めてそこに焦点をあてるというのも、奇想とは申せまい。

清盛を欠いては、次の強力な将軍を選出しなければならなかった。とすれば、源平の戦いは「公戦」であるべきで、この場合、後白河院は厳正な審判という御立場で在られねばならなかったであろう。何れにせよ、それこそは紛う事無き「院中心の政局」であって、武士が軍事以外に極度に突出すべき時局ではなかったのである。木曽は山深い。そこから出て来た彼の**義仲は、政治的にはとても状況を把握し切れぬ存在に相違無かったであろう。**

義仲の軍勢に就いては、その歴史的悪評とは違え、厳しい軍律があったと言われるのが正しいのであろう。但し、その棟梁たる義仲自身は京の公家の姫君たちの艶やかな姿に魅惑され、現を抜かしていたというのは事実であっただろう。それは僅かな機会的の事であり、基本、若武者であれば尚更に仕方ないものと思われ勝ちだが、武家の大棟梁たらんとすれば、やはり第一の謹厳事項とすべきものであった。その点、後世の北条早雲や織田信長、帝国軍人らは法令も厳しく、自身も潔癖で、偉大な歴史像を残している。

我が日本国は今後益々「世界の指導国」としての期待を持たれているのであるから、民生に於ける模範として、藤原高房や、北条早雲、織田信長、上杉鷹山、竹垣直温らの事跡を詳細にし、教本を設えて一層と学ばねばなるまい。帝国陸軍は彼らを模範存在としていたと信じるべきであろう。

さて、後白河院におかれても情勢の厳しさは人一倍に感得されていた筈である。ここは駆け引きの時節ではないのであった。だが、清盛の独裁を見ては、いくら武士の世の中に突入しかけていたとは雖も、御自分の為の選択も有られたであろう。それが院であられた。

頼朝は御自分に似ていた分、其れなりに分析され、除外したい存在であっただろう。出来れば清盛の近くにあって京に留まった義経が希望であられたが、その義経は坂東の武者たちに嫌われていた。兵法も気質も彼らとは違っていたのであろう。「帯に短し、襷に長し」で源平の戦いは足掛け六年も続いた。その間、源平の間に和平の工作も有ったとされるほどである。頼朝も義経も、清盛へのそれ以上に互いに憎悪し合った為、抗争は更に続いた。

清盛の対外政策に対し、「外島」と号した遠元は、九州から奥羽まで血族・姻族を配してい

る。その嫡子元春が対馬守、養子の天野遠景は大宰大弐とも鎮西奉行とも、やはり養子の盛長は上野奉行兼帯河内守（彼は更に出羽地方の支配にも深く関わり、次男の時長は公家身分の大曽根庄領主となっている。後、子孫が異例の累代上総介となる）、母方従兄弟の豊島清重は奥州総奉行、義孫の広元が初代鎌倉幕府執権、外孫光俊もやがては大宰大弐に、という様にだ。日本の地理の四分の一を超えるかというものであるが、これは後白河院の御意向無しには有り得まい。**大陸の情況は、宋の金への従属存在に止まらず、更に巨大な影が忍び寄っていた。史上最大と言われるモンゴル族の大発進が始まらんとしつつあったのだ。**

遠元の卒去は1207年頃と考えられている。世寿八十三歳位であるか。生没年が不詳という存在ではあるまいに、この様に書かねばならない所に強い疑いがあるのである。

彼は源平戦終焉時に於いては六十歳前後であるから、平家の大遺産と化した「日宋貿易」の継続性について、諮問を院から受けていた可能性は大いに有ったと想像したい。その為の一族近縁の配置もあっただろう。すなわち清盛一族との「歴史的の深い縁」により、その海商たるを含めて「清盛に関する殆んどの概要に就いて知悉していた」と言って良い。いや、ここまで類推するのが学論というものであろうよ。小生でなく学者がすべきものだ。武家清盛の決定的台頭にあっても、清盛との距離が開いたとは思えない。自信過剰であられた後白河院の御意向に副うならば、益々協力関係にあったであろう。近かったからこそ隠された事と推測すべきであり、それが陰謀性の特徴なのだ。

陰謀論と申すべきは、因果関係を把握した上で為すものであるから、概ね後から為すべきものであろう。所が近年のそれは「地球網」仕掛けの宣伝戦が主体であり、相対する夫々の陣営の、時に凄まじいスピードをもっての応酬合戦であり、危険この上ないものである。いや、世界戦争を招いて利とすべきを目論む勢力が確かに存在する、と言われるのだから実に恐ろしいものである。そうした中での「偽旗作戦」とはおぞましい。核も既に何回も使用されていると言われる。

我々小市民は精神的にも意志的にも、どの陣営に加担すべきか判断する事為す能わずである。その様な価値も立場も与えられて居らないのだが、諸情報を集め易い今日、少しずつ、各陣営の意図を解すべき所に次第に立たされる様になって来ている。それだけに、君子ではないが、危うきに近寄らずであるべきを、又歴史尋ね人たるや、不発弾の埋め所とも知らずに不意にそこに近づくものだ。

チンギス・カン（１１６２～１２２７　モンゴル皇帝在位は１２０６～２７）**によるモンゴル高原の全遊牧民支配の成就は１２０３年であったが、その最初の征服戦はその即位の年に始まっていた。**その頃、遠元は八十歳前後と老衰し、大陸の情勢をどの様に把握していたかは知る由も無い。歴史の隠蔽が為す真に残念な所であろう。真実の歴史を隠しながら別物を捏造するのと、まったく焼却するのと、どちらが良いかという設問を強いられるならば、反吐が出る思いをすべきだ。

大陸の情勢の厳しさを僅かでも聞けば、我が国に於いても類推の上下措置が執られていても当然であろう。外敵という存在に対する「不断の体制」は建国以来、あるいはそれ以前より有って然るべきなのだ。時には、或いは、攻勢に出る時的性が有った事も確かな史実である。桓武天皇の御事跡（現代の用語では確かに「侵略」という事であろう）は紛う事無きそれであっただろう。

日本国の版図拡大戦の為に、東北地方へ派遣された将軍としては**坂上田村麻呂**（758〜811　苅田麻呂の子）の名が至極有名であるが、その前任者に**紀古佐美**（733〜97　宿名麻呂の子）という有能な人物がいた。

紀氏というのは非常に古い氏族であり、謎が多いとされる。そも、その系譜に神別説と皇別説があり、その内容自体も複雑多岐に亘っている。日本史構成上で都合の悪いものがかなり隠蔽されているとされるのだ。そうした点では後世の遠元家のそれに最も良く似ている。まあ、我が国には改竄されて伝わるものが頗る多いという事であろう。

それにも拘らずに、紀氏の先祖を辿る作業に於いて、神別と皇別の二元性が崩れる程にその内容が交錯するというのは、やはり元は一つの氏族存在であったからであると推定すべきと言われる。

恐らく、この氏の始めは神別の出雲族或いは南方にも繋がる九州の先住民に属し、その東遷しての初めの盤踞地は「紀の国」であり、瀬戸内海ルートを用いる海上豪族的の存在であっただろう。それが、大和族の出現・東征、すなわち発展という大歴史の中で、新しい在り方すなわち大和朝廷に奉仕するに、海上軍事力を提出するを以っての基本が確立されたであろう。次のような記事が『日本書紀』にある。

応神天皇三年、百済の辰斯王が天皇に非礼があった時、紀角宿禰は石川宿禰・木菟宿禰と共に使わされた。それで百済国は辰斯王を殺して陳謝した。

仁徳天皇四十一年、紀角宿禰を百済に遣わし、国境の分け方、郷土の産物を記録させたが、この時、百済の王族酒君に無礼があったので、紀角宿禰は百済王を責めた。

雄略天皇九年、紀小弓宿禰は新羅討伐の大将軍として海を渡り、新羅軍を打ち破った。

顕宗天皇三年、紀生磐宿禰が任那を股にかけて高句麗に通じ、三韓の王になろうとして自らを神とした。

欽明天皇二十三年、新羅が任那諸国を滅ぼしたので、修復の為に紀男麻呂宿禰が大将軍として派遣された。

この様に、紀氏の軍事力は大和朝廷にあって危険なほどに強力な存在であったが、これを抑制する勢力も物部氏や大伴氏等として当然に在った。紀氏に就いての歴史的性格を知るに、外洋での大存在であった**宗像氏**（宗像神社を奉祭する）との対比も不可欠であろう。

宗像氏の海上交易氏族としてのそれは、フェニキア、カルタゴのそれを髣髴させるばかりではなしに、その一類ではなかったかと思われるほどの足跡があると言われる。考古学的の推論

である。が、ここではこれ以上には述べるを得ない。ただ、古代に成った歴史的日本人というのは、北から西から南から、種々に参加して生まれたとすべきで、大陸から見れば、何れも「絶海」、「絶域」とされる厳しい環境を克服しての越境渡海であるだけに、気力知力ともに優れた者らの集合である、という様な石原慎太郎氏の御卓論を読んだ事が有るが、全くその通りであろう。

「大和」という国名は、中国の揚子江流域発生の稲作民族たる「倭族」からの転化であろうが、最たる極東に開かれた「国際的国家の名前として絶妙」のそれであったと言えよう。

780年、五月一日、陸奥按察使の紀広純が夷俘出身の上治郡大領・伊治公呰麻呂の叛乱に遭遇し、殺害された。朝廷は呰麻呂を討つべく征東大使に**藤原継縄**（727～96豊成の子66参議、71従三位、80中納言、後に大納言、90右大臣）を任じ、紀古佐美は征東副使という事になった。所が、中納言の地位に昇ったばかりの継縄とて、現地への発進をたびたび催促されていたにも拘らず、それに従った風も無いらしかった。おかしな人事であったとされる。

継縄の室は帰化系の**百済王明信**（くだらのこにきしみょうしん　?～815）と言い、桓武天皇の初恋の人とされる。又、彼女はその後もどうやら天皇の愛人とされていたとも云われるのだが、このような場合、現代の様な「狭い嫉妬社会」ではなく、原始的に恋を競い争う社会であったのであるから、別に問題も無かったのであろう。たとえば、その百年前の**額田女王**を巡る天智天皇と天武天皇兄弟同士の恋があるが、その恋が争いの決定的要素になったとは思えないのだ。

　恋の鞘当とはいうけれども、その勝負を根に持つようではその達人に成る事は覚束無い。美女は何処にも居るのであり、理屈抜きに次から次と現れるのである。達人は失敗の数より手数を優先しているのだ。まあ、理屈、理想の恋というのもありましょうが。お分かりですかな。何れにせよ、帰化系を御母とされる桓武天皇にお仕えする継縄は、あくまでも天皇に従順であり、話のわかる使い勝手の良い寵臣であっただろうという説である。

　継縄の父方同年の従兄弟に時務に熟練の能吏とされた**是公**（727〜89　乙麻呂の子　74参議、83右大臣）がいた。桓武天皇に排斥された早良親王に近い存在として失脚したらしく、その薨去を受けて継縄が正二位右大臣となって太政官府の首班となっている。

　ここに妻を秦氏の嶋麻呂の娘とする例の**小黒麻呂**（彼のもう一人の妻は魚名女であった）が継縄の後任の持節征討大使、すなわち古佐美の上司として任用されていた。この様に、蝦夷征討というのには国家的重大人事が行われていたのである。

　さて、征東副使となった古佐美であるが、781年五月、陸奥守となり、八月には従四位下、更に785年の十月、参議となって公卿に列し、その後、788年七月に征東大使、十二月に征東大将軍となっていた。

　788年十二月、古佐美は征東大将軍として天皇に別れの挨拶を申し上げ、翌89年、五万の東国歩騎兵を率いて蝦夷征討に赴いた。そして、最大規模の戦闘行動が開始された。所がである、蝦夷側に従来に無い巧妙な作戦行動が随所に見られ、朝廷軍は古代国内戦史上に類を見ない大敗北を喫し、潰走する大事態と成った。これを「巣伏の戦い」と言う。

九月十九日、古佐美は京に帰還し、政治的立場の強い小黒麻呂らによって詰問されることになった。これは当然であった。然り乍ら古佐美が整然と答弁致すや、これが認められるに至った。その内容に已むを得ない状況が克明にされていたのであろう。責任は不問に付された。

取り分け、蝦夷側の優れた軍事指導者としてあった「アテルイ」の名が注目され、敵存在の概要が把握されたというのは、単なる局地戦での勝利などよりも余程に高い戦果であったとすべきであろう。

古佐美の詳細な敵情報告は後任の将軍田村麻呂の対蝦夷戦争に大効果を齎し、その戦績を無敗ならしめた。794年六月の蝦夷を征したという記録を始めとし、801年九月の蝦夷討伐、802年四月、アテルイとモレ等五百余人の降伏を容れ、九月帰京。その帰京の時、アテルイとモレが連行されていた。古佐美を無罪としたのは正しかったということである。

アテルイとモレに就いては、田村麻呂将軍の助命の嘆願にも拘らず公家達の反対が強く、処刑に付されたと云う。

古佐美の娘は左大臣藤原魚名の嫡孫・藤嗣（773〜817　中務大輔鷲取の次男　従四位上参議兼右衛門督）の室となり、高房（795〜852）を儲けた。高房は六尺豊かな体躯の持ち主で、美濃介、備後守、肥後守、越前守と歴任し、伝説の「良吏」を謳われ、その子に名高い山蔭中納言がいる。或いは「最初の武士」と称された斉藤利仁将軍は孫と言われる。**高房に就いては仁寿二年二月の「薨伝（文徳実録）逸話」がある。**それによれば、「美濃介であった時、威恵兼ね行い取締りを厳しくしたため、国内に盗賊がいなくなった。……また安八郡で貯水池の堤防が決壊したままになっていたが、堤の神が水を貯えるのを望まない為に壊れたのであり、それに逆らう者は死んでしまうと農民らが言うので、前の国司も修理をしないままになっていた。だが高房は『民の為に死んだとて悔いは無い』と言って人々を動員し、修理させたのである。更に、麻田郡に妖術を使う巫女がいて人々に害悪を与えていたが、皆は恐れて放置していた。然し彼は単騎出かけていって一味を捕らえ厳しい刑罰を与えた。その後、備後守、肥後守、越後守を歴任し、五十八歳で没した」とある。この優れた人格・資質が語り継がれるのは当然であろう。**大阪市茨木市にある補陀洛山総持寺の縁起に高房に纏わる霊験譚がある。いにしえ、平安の情景が覗える。**是非にも知って頂くべく内容を要約すると、

「昔、藤原鎌足の六代の孫**中納言高房卿**が大宰大弐に任ぜられ、二歳になる子（後の中納言藤原山蔭。物語では山蔭中納言政朝としている）を伴って九州へ赴く事になった。出発して間も無く、淀の穂積の橋にさしかかった時、鵜飼夫たちが大きい亀を捕らえて嬲り殺しにしようとしているのを見た。高房卿は『今日は日頃信仰している観音様の縁日であり、自分の旅立ちの日でもある』というので、その亀を買い取って川へ放してやったのである。明日は早く起きて舟で淀川を下る事にし、その夜は川べりの宿に泊まったのだが、その翌朝の事、乳母の不注意で

幼い政朝を川の中へ取り落としてしまった。家臣たちが小船を出して探し回ったが、見つからない。卿は大いに悲しんで、観音さんに『**どうか我が子を救ってください。これが寿命であるのなら、せめてその姿をもう一度見せてください**』と祈願した。所が程経て政朝は前日助けた大亀の背に乗ってニコニコしながら無事に帰ってきたのである。卿はこの時、観音様の像を造り、お堂を建てて供養しようとかたく心に決めた。

無事大宰府に着任した卿は、ある日唐から来た人にめぐり会った。そこで観音像建立のことを話し『唐には適当な銘木があると言う。それを求めて送って欲しい』と頼むと、快く承諾してくれたので、砂金千両を渡した。この人は帰国後八方手を尽くして銘木を探し……卿は任期を終わって都に帰り銘木の到着を待っていたのだが、ついに仁寿二年（８５２）五十八歳で薨去した。

幼いとき亀に助けられた政朝は、成長して中納言となり、大宰府の都督に任ぜられた。ある日部下が『最近この浦に妙な木材が漂着し、その木に触ると必ず病気になるので恐れられている』と報告した。早速いってみると、周囲一メートル半、長さ一メートル余りの栴檀の香木で『**日本の国、藤原高房公に贈る**』と記してある。政朝は父が話していた香木だと大喜び、父の遺志を継いで尊像建立の決意を固めたのであった。政朝が任期を終えて香木とともに都へ帰る途中、茨木――今の総持寺のあたりで香木がにわかに重くなり、動かなくなった。政朝は『この地が有縁の地であれば、尊像像立の後、この地にお堂を建てて安置します』と合唱して念じたところ、元通りに軽くなり、無事に都へ帰り着く事ができた。そして、観音さんの化身と言われる童子の仏師にめぐり会い、一千日で亀に乗った千手千眼十一面観音像が出来上がったのである。……」

この総持寺縁起は『今昔物語』や『長谷寺験記』などにも収録されていると言う。物語中、高房を中納言・大宰帥としているが、彼は正五位下が極官であるからとても中納言にはなれないし、大宰大弐というのも閣僚級であるからこれもあり得ないとすべきものだ。が、一説には従四位下に昇ったとする書もあり、とすれば従四位の大宰大弐の例も多く見られるから、なったとしても良い事になる。何にせよ、紛れも無しに御堂関白の母方玄祖父であるから、贈位の事があっても少しもおかしくないのだ。むしろ無いほうがおかしいとも言えるであろう。

実際、**総持寺はその縁起にある通り、魚名家第五代の中納言山蔭が菩提寺として開基したもの**であり、道長が母時姫の祖父である山蔭の存在と功績を尊び、一条天皇の勅願所とした事により隆盛となったものである。日本の神社の元締とされる「吉田神社」も山蔭の創建にかかるもので、魚名家の菩提寺としたものをこれも藤原氏全体の社とし、朝廷の公的祭祀を受ける様になったのである。これは山蔭系が魚名流本宗である事を示すものでもあった。

下野国栗山村（現日光市）の「高房神社」は御祭神を「平高房」とするのだが、**鎮守府将軍・正四位下とし、没後に正一位高房大明神となったとしている。**尤も、この辺りは、同じ伝承中で、「平清盛の隠し湯」というものまであり、史実として捉えるのは程々にした方が良いかも知れないのである。だが、この一連の伝承を深く考証した所では、日本史に深く隠蔽された事実群の存在してる事が明らかになりつつある。正に重大なる「**陰の系譜**」であろう。

何れにしても、高房が人気抜群の歴史的人物であった事は間違い無い。勿論、これには道長の母方玄祖父という事からの阿りもあろうが、武家筋にしても利仁将軍や奥羽の覇者伊達家の先祖出自としているのであるから、争う事は無い。

猶、総持寺縁起はこれを伝える書は幾つもあり、内容は新しく新しくと作り変えられ、初めの高房・山蔭という組み合わせが、夫々一代ずつずれ、山蔭・如無（山蔭の子　法相宗の大僧都。後の左大臣在衡の実父）という様になる。又、高房の死去は、史書では、背中に出来た腫瘍すなわち「瘤」が原因とされるのを変え、これを亀に乗る政朝（山蔭）の姿を表すものとし、高房は、観音様に願う時に約束した通りに、自分が死ぬ事によって我が子の山蔭を助ける、という話になっているのかも知れない。因みにこの総持寺縁起は、後に、室町物語の『鉢かづぎ』に別本的に変容発展し、これも古典になっている。

中国に於ける思潮であるが、親孝行の最たるものは「親の食用に自分の体を供する事である」というものである。日中双方の「歴史的相違の何たるかを知るよすが」とすべきか。知るや知らずや、大陸との違いは大きい。日本はやはり絶域の国だったのだ。

述べた高房は鎮守府将軍や大宰大弐などになった経歴は無いのであるから、国防上の功績は無かったが、その公吏として在る勤務実績に、後の武家存在に勝るとも劣らぬところのものを遺したので挙げたのであるが、流石、田村麻呂を軍神に導いた古佐美の孫と言うべきか。

　遠元の後裔家はそのまま高房のそれであるべきか、江戸後期に於ける小生の家の「謎の復活劇」の要素として考えられるものの最大のものは、高房の事績の「余慶」としてあったものであろうか。実際、小生の家の究極的没落の様相は官太夫家文書中、天明二年、村中役に提出された**「今般困窮仕り出外年季奉公願い奉り候」**という文面によって窺える事である。

　この過去を隠すべきでない。**これを救恤したのは江戸幕府の名吏・竹垣三右衛門直温**（１７４２～１８１４　代官竹垣直照の養子　１７８６家督相続）**という御代官であられよう。この名代官を偲ぶべく当時の開発願い時の状況をもう少し詳しく知るべきか。**良吏として語られる竹垣氏は、その初め越後にて五万石支配、１７８９年に播磨・摂津・河内にて七万四千石支配、１７９１年に部下の不正により謹慎処分、１７９３年に下野・常陸・下総・上総・安房にて六万石支配、１８０７年に武蔵を加えて八万四千石支配、他に預かり地三万五千石を支配したと記録される。

　竹垣代官が武蔵国内の天領行政を担当したのは文化四年であり、当家が幕府評定所によって下総に開発裁許を受けたのは享和三年であるから、おかしいと思われるかも知れないが、竹垣代官は既に下総に支配地を持っておられたのである。つまり千葉郡と印旛郡の入会秣場である六方野地方（広義には、広大無比の大原野・葛飾野の東部地域を指していた）に広大な開発可能地が残存する事を、当然に熟知しておられた筈なのだ。いや、既に小金原の「金ヶ作新田（所沢の豪農・石川家が開発元締）」や六方野の「長沼新田（江戸町人の請地）」七百五十町歩開発が始まっていたのである。

そうした状況の中で、幕府陸軍の大演習（寛政期か天保期か確認すべきであるが、六方野は四十二ヶ村附と、絵図に記されている）が挙行されているが、それは幕府の陸軍の編成・統制上の点検であると同時に示威的祭典行事と思われるものであった。

だが、そこへ近隣や武蔵国足立郡の当家らの農民が、六方野の開発願いを申請して来たのである。当家のそれには、**寛政期、地方行政に驚愕的の響きを以って伝えられた関東郡代家の改易という当時の大事件**が心理的に影響していると、小生は私的事情から想定している。その詳細に就いてはあくまでも言えない。古い家には事情が生まれ過ぎてるのだ。

小生の家の開発願いの事情を見、零落までの一連の事情を把握した竹垣代官は愕然としたであろう。「これは足立遠元公の御子孫である。遠元公と言えば魚名家嫡流であり、中祖に高房公がおられた。その家が存亡の危機にある。為政に問題が無いとは言えない……」。

只でさえ高房は民生に携る者にとっては神に等しい存在である。その後裔事情に深く遭遇してその様に嘆き、憂えたとて不思議でない。すなわち改めてその歴史的名吏に倣うべきところであっただろう（江戸期、遠元家は多分に魚名・高房・山蔭流正統筋とされていた）。

当家が背水の陣にて小深地区の割り当てを受けるに就き、多分に竹垣代官の御忖度助力を得た可能性があったであろうというものだ。或いは「**御天領御新田開発**」（現千葉市の若松町の文化五年創建の神社に、自らの地を指して御新田としている）であるから、やがて、天下に知れるべきであり、であれば失敗は許されない事から、家柄を背負う者の必死さに期待すべきもあったであろう。御代官自身も魚名流であられたらしい。

猶、当地小深の初名は「六方新田」或いは「茂右衛門新田」と二つながらに伝えるが、**文化五年に小嶋茂右衛門が足立郡植田谷本郷に建立した一族宛の訓戒文**（全高六尺の僧形型墓石に書き入れ）」では前者を以って刻されている。

再述が多くなるが、五人組が開発開始の間も無くに早々と頓挫脱落し、川野辺家の分も受地人が辺田村の足立氏に交代という事態で、当初の開発請け人は小生の家だけとなってしまった。そうなると、当初からの開発人という事で当家の立場は基本的に強まり、五人組の分二百五十町歩も合わせて都合三百六十町歩という事になり、穏当な大開発人という事で、次第に近隣に声望を増した様であった。これが大足立氏と擬えられた藤原遠元家の余威であっただろうか。

川野辺氏は、天領の開発人という事に加え、六方野からは然程に遠くでない船橋の名門の聞こえもあったか、横柄な振る舞いが多く、近隣村落、特に宇那谷村や長沼新田との揉め事が多かった事が記録文書として残っている。その点、遠来の当家は慎重で、もとより請け地面積に不満のあろう筈も無く、**故郷の足立郡から連れてきた当初十戸の譜代**に加えて新規の者らと共に、過酷な作業に耐え抜いた。尤も近隣との不祥事を起こす余裕も無かったであろう。その為か、開発人初代の女房（開発資金を提供した足立郡惣右衛門村の開発元締、名主、酒蔵家として伝説の富豪とされる峰岸惣右衛門家の娘）は早世している。

文政九年、検地が行われ、小深新田が成立した。既に書いているのだが、当家の屋敷地規模に就き「屋敷三反歩　十石」と記されている。これは小生の調べた限りでは、恐らく下総地方で唯一の上限屋敷であった。上限屋敷というのは小生の造語だが、享保年間に農家の屋敷の理想規模が論じられた時、それは「三反歩」であった。が、それを実現した農民は例外の存在であった。持高十石と言えば、それだけで村役人の資格を満たす規模であるから、そのような屋敷は容易に持つ事は出来なかったのであろう。因みに、隣接する佐倉藩領の宇那谷村の五軒ほどの名主階級の屋敷地は、揃って四畝歩であった。当家が近隣の富農を圧倒したのはこれだけを見ても明らかであろう。

所が検地帳で詳細に記されたこの箇所は近年の『千葉市史』でも論評が無いのは、やはり、当家と新政府の間にあったいざこざから、「触らぬ神とすべきの敬遠措置が災い」し、大局部分を見失って以来の後遺となり、而して千葉郡郷土史見地の盲点となっているものだ。

それが明治期に入ると、大恐慌を来していた「地租改正」に就き、大百姓らに打撃を与えぬ事が明らかとなるや屋敷地の大拡張気運が起こり、あちこちで一町歩屋敷が現れるのだが、この現象を客観的に捉えての郷土史的論文は見た事が無い。当家のそれは四反歩に留まっている。但し、間口十三間奥行八間・総瓦本葺という母屋は他の追随を許さぬところの度肝を抜く代物であって、第三代元締（藤原高藤第三十九世）の新政府に対する抵抗と共に、当時のこの家の

伝説を象徴していたであろう。書いての通りこの折の屋敷は実は明治期に新たに四反歩の地へ移設されてのものであった

郷土の沿革史によれば天保十五年に二回目の検地が行われている。その検地より前に、幕府の大演習が再挙行されている。多分に祭典的なものも含んでいたであろうが、ロシア船の出没などで急速な国防意識に駆られての示威であっただろう。

ところがその後、**嘉永六年のペリー提督の米艦隊の浦賀入航は脅威のもので、幕府首脳を始め、上下の目を根底から覚まさせるに十分過ぎる事態を齎した。**

ペリー提督は幕府に「一年の猶予を与え、再度交渉に臨む」というブラフを掛けて帰ったのだが、いまだ祭典的の要素も含んだ天保演習の後であったから、大変な騒動となり、国を挙げて震撼したのである。**斯くして、急遽品川沖に大要塞を築く次第となった。**

沖を埋め立てねば始まらない。それで近傍の山を崩してその土石を運び入れたいのだが、それには型枠の形成が不可欠であった。そこで適切な資材として墓石が用いられる事になったのだが、ただ集めれば良いという物ではない。組み立てられるべき夥しい物量資材の容器とすべきであるから、当然に厳密な寸法的の規制が求められる。それには一尺角の竿石が基本として調達されたであろう。その際、石工の総動員が図られ、墓石の微調整再加工が施されたのは見なくとも想像できる事である。海中での石垣造りというところであっただろうか。

これに就き歴史的の重大問題が現代に発生した筈だが、学会も報道関係も全く取上げていな

い。それだけの知識体系でしかないのか、或いは総て承知でそうしているのか。現代の文化的命題だ。

先づは建築・土木工学会と郷土史学会であるが、お台場工事は海面下一〇メートルを根石（ねいし、と呼ぶ）基盤として施されている筈であり、そこに近世日本史の大の一つを確実に語るべき建設物件が存在しているというだけで、学術的の関心があって然るべきであった。江戸末期、嘉永年間の我が国の土木建築技術の水準を分析把握するに、絶好の存在なのである。又、墓石の集積というのは、それこそは当然に、その持ち主の国家に対する奉献という尊い犠牲精神があっての出来事であり、後世のどの時点に於いても偲ぶべきものである。当家も関係のそれとして深く感謝を申し上げる次第です。

お台場地区の再開発というのは、単に東京都の都市計画というものではなく、国家的の事業案件でなければならない筈のものであった。何が問題であったか気付かぬ筈があるまい。そこに埋蔵文化財保護という事で、当たり前の事として発掘調査が先行しなければならないのであり、予想すべきところの結果を得ている筈なのだ。時は経ったが、小生が疑った所へ、奇跡にもその為の「**ボーリング工事に従事した者の話**」を聞くを得た。「**墓石は出て来たけど、無視してそのまま工事を続行しました**」。さあ、この事実を政官界も業界も学会も、そしてマスコミも全く関知してない、報告を受けてない、と言い切る事が出来るのであろうか。呆れたものだ。

この問題は完全に終わった訳ではない。何故ならば、お台場地区の埋め立て区域はその地の全域というものではなく、未だ残された台座があるからだ。

お台場は砲台の固定置き場であり、容易な崩壊は許されない。その石材固定の為に大量の杉材が適用採取されたと伝えるのだが。**六方野地方には幕府御林**（基本的には全国の山林部は幕府領であった）**と言われるのもあり、それが真っ先に切り出されたのは当然であった。**それで先ずは現地に於ける責任者というものを選定しなければならなかった。それが所謂「**御用達**」で**あるが、全くの適任者は当家しか居なかったであろう。**その者の出身性が先ずは問われる事が政治原則であったからだ。勘定奉行号令下の強制行為が伴う以上、「私領」に所属する者は許されなかったのである。

平安末期、関東武士らを引っ立てた藤原遠元の役に似た者の再現した如き次第である。すなわち**そこにお誂え向きに存在したのが「御天領開発元締」であったと**いう事だ。伝承を吟味すれば、小生の家の権威はそこに一気に拡大したらしいのである。昔の人々は「家柄」というものには盲目的に従った、と言えば語弊があろうが、只でさえ天領農民は武士と対等なのであり、その立場も持ち高も最高の頂点に居れば、「御林」の周囲の農民らは皆極めて謹厳に受動したであろう。**近在には姻戚にして大実力者の花島村名主笠川内記**（旗本遠山領の総百姓代）**もいたのである。**

――松本清張氏の長編小説『天保図録』を笠川家の老当主・敏男氏のお薦めで読んだが、水野忠邦の「天保改革」の現地舞台には千葉郡花島村が設定され、色あり、謀ありをテンポ良く描き、日本の小説類は従来あまり読まなかった小生を、新天地に導いたのである。花島村というの小生の家にとっては重大な縁引きの村落が、大特性を以って、時の老中水野氏を翻弄したというのが新鮮な驚きであった。敏男氏は「小嶋さんの家の事が解かっておれば、もう少し歴史的に掘り下げられたに違いないんですが」と言っておられたが、小生の家の事は明治初期以来のタブーがあって、それは仕方の無い事であった。もしも、それがなければ、一一〇〇年を超える家のそれであるから、文豪と言われる方々の業績も遥かに違えるものが見られた筈であろう――。

それは無しにしても、近世と近代の繋ぎの中で、笠川家と当家の間には小さく取り上げても千葉郡的の問題が隠されて来たのである。その婚姻の悲劇は「二里の花嫁道の造成」に象徴されていた、と申せば地方的影響力のなにぶんかは想像できるであろう。その嫁を「男子を産まなかった」というだけで離縁し、男子を生んだ女郎上がりを正妻に迎えた、というあまりな「理不尽」が、ただ家柄だけで諒解される筈が無かった。清和帝の男系系譜ではあるが、農村部の素封家であっても、これは到底理解は得られないものだったのだ。

先妻は当家の方角を何度も振り返り、悔し涙にくれていたと伝える。方策は幾らでもあったと思えるものだが、時は決して帰らない。その笠川家への深い同情が後の近代の『千葉縣千葉郡犢橋村誌』(一九一八年)を形成したと言えよう。

そこにもう一つの逸話がある。笠川氏は末娘を連れて帰ったのであるが、後妻の生んだ長男・幸之助すなわち小生の祖父はその姉との会いたさに、妙計を案じた。笠川さんが言われるのには、「梨本宮様が良く家に見えられ、不思議だったんですが、その事かも知れませんね」。その小生にとっての大伯母の嫁ぎ先は判っている。大層な慰謝料はその大伯母が嫁ぐに持参となったという。

後年、梨本宮様の御乗馬御用達を勤めた幸之助であるが、政府は関係の悪化していた曽祖父藤兵衛を懐柔すべく、八歳の幸之助を新設の宮家の奉公人に起用し、その中で幸之助の願いを叶えていたのかも知れない、という事である。当家とは絶縁関係でも、宮様のお供ならば、それこそ笠川家とてどうしようもない事に違いなかったからだ。因みに巨大な母屋を擁した「元締屋敷」は未だ威容を誇っていて、御維新政府は巧みに当家を操って自らの威信高揚に利用していた事は容易に解っていた。

幕府近代陸軍の砲術演習場は最後的には板橋の徳丸原（高島平　近代砲術の祖・高島秋帆に因んで名付けられた）に設定されている。旧来の六方野は一部を**佐倉藩の「火業場」すなわち近代砲術演習場**の為に六十数町歩ほど下賜し、残りを農業政策として開発地とする方針が固まったのであろう。幕政下での結果的のものはそうであった。

佐倉は十一万三千石の藩主**堀田正睦**（幕府大老　蘭癖すなわちオランダ病と揶揄されたが、歴史的な名君であった）の指導の下に、「西の長崎、東の佐倉」と言われるほどの学問の都と化しており、その砲術技術の進歩は、後に、明治十年の「西南の役」で十分の威力を発揮し、佐賀藩のそれと共に政府軍を勝利に導く原動力となった。

佐倉藩主の典医・**佐藤泰然の設立した「順天堂」は日本で最初の病院**であり、東京帝国大学の医学部はそこから派生している。小生は佐倉藩校の後である県立佐倉一高の出身であるが、幕末、佐倉藩と当家の関係はあまり宜しくなかった。所が面白い事に、泰然先生は日本一の蘭医でありながら麻酔技術を嫌っておられ、それに対し、当家に寄留した蘭医白覚堂・日下玄秀はそれを得意とし、佐倉藩領に出張往診したと伝える。

玄秀（諡号・白覚道）の家は当地に土着し、苗字を下賜されて小島姓を名乗る「譜代分家」となり、今は旧家と化している。叔父はその家から妻を娶ったが、勘当されている。

その叔父の父親すなわち祖父幸之助も譜代の森田家から祖母を娶って勘当されている。勘当は何れもその父親の卒去時点で解かれている。

この家は譜代との婚姻を厳禁として来たのであり、故に村との親戚関係は分家とその譜代二家以外には無い。但し、江戸期は村の戸数増大の為に、やはり医師であった二上氏に当家の娘を例外的に配している。激しい開墾労働に医療面の配慮が不可欠としていた事が偲ばれる。

所で、小生の家が大きく関わった**六方野という存在は、その後、改めて新政府の構想「大日本帝国陸軍演習場」の中核と指定地付けされるものとなり、都合、開発権の取り上げとなっていったのである。**第三代元締の離婚大騒動に加える地租改正に際しての激しいデマなどにも惑わされ、結果的に当家の所持地は皆無という状況となったのだから過酷悲惨であった。同時期、武州足立郡惣右衛門村の峰岸惣右衛門家も謎の没落をしている。その明治初期の当主は「白馬に乗って颯爽としていた」と伝わっているのだが。

戸田市が峰岸家の詳細を知ろうとしても杳としてその行方が知れず、小生も老年に達している事でもあり、近々、改めて必死に追跡しようと思ってはいる。

小生の家は（旧制）中学さえ進学出来ない程に零落した。それに比し、文化五年に川野辺氏と交替して川野辺新田元締家となっていた足立家は、超百町歩地主とて、現千葉市長の地位に当たる千葉町連合戸長初代に任ぜられ、戦後にも千葉県議会議長になる人物も出るほど繁栄している。その墓地墓石の巨大さは県下一と称しても良いほどのものがある。

「運」・「不運」と言うのは遭遇であり、その只中にある者には殆んど予見出来ないものだ。だからこそ時運なのであろうけれども。更に思うに、当家の仇敵でもあり、又改めての遠戚に当たった菅原氏が、上総・下総・武蔵などを経て、京へと帰る『更級日記』の「行程」というその古典の解明・探索をすると同時に、この六方地方の大歴史を記すべきところの、「唯一の書き手」としての人生自覚はあるのだが、天運の循環からするならばほんの都合のそれに違いない。この貧しい経験からすれば、その天意と言うべきは「人の終の平等」にあるのであろうと感じている。

第五節　無差別平等の祇園精舎

日本史の歴史的問題として所謂「被差別民」のそれがあるのだが、小生の生まれた村落にはそういう存在は無かった。そういう言葉を知らなかった所為もあるのであろうが、意識の内にも無かった。ただその呼び名は違ったが、村に出入りする者の中にはそういう人もいたのだな、と、社会人になって初めて気が付いたものである。実は、就職先の寮でそれを不用意に自分から話題にした時、厳しい制止があって、「どうしてだ」、と驚いた事を今でもはっきり覚えている。思えば、その地は**島崎藤村の『破戒』の舞台である信州**なのであったが、それまで文学的にも社会学的にもそれらの知識を欠いていたのである。日本文学についての読書量不足が露呈したが、もとよりこれは自覚している。

不味な話題とて、誰もが平等の学生時代にはタブーであったのであろうが、後から考えれば、どの時期にも確実にそうした環境は在ったと思うのである。小生は信州の生まれ育ちの妻（江戸期は小諸藩の郷士で、幕末は一代伽衆という軽輩の家柄）を得、それを改めて具に知る事になったのだが、それ以前の意識には全く無かったものである。

学生時代に「哲学書」を読み漁ったのは何であったのか問われるところであるが、本当なのだ。小生の読んだ限りの欧米の哲学や神学では、具体的な命題としての出会いが無かった事は確かである。所が、その社会的事実把握のそれが改めての認識となり、人一倍に思量すべき環境を与えられたかの様に、自分を再方向付けした事も確かであろう。すなわち自分に纏わる家柄性は付与であり、問題に寄与すべくあるという思いが次第に強くなって行ったのである。人の**個人環境**は漏れなくこうした全的問題に対する、**責任意識を敷衍させる為の道具立てに過ぎない**ものなのだという事だ。

「歴史には始めが有り、終わりが有る」と言われるが、翻って、置かれた立場（当時として、家代々の環境との違いが有り過ぎた故の「キリスト教脱出」の経歴があるが、原点からの再研究者的の動機存在と言える）からはそれが真実に思える。存在は責任なのだ。

往昔は武士さえ差別していた家・村からすれば、どんなものがあったか、ちょっと言い難いものがあった事は確かであろうが、ただそれだけの事で、居所も全く知れない彼らとは何と無く互恵の関係であった様な気がする。強いて言えばそれが子供の感覚であっただろう。それ以上の心象など持ち様も無かった。

我々が育つ頃は、未だ、アメリカだのソ連だのという事さえ世情突出したものであっても、別段気にすべき事ではなく、二義的なもので、ましてや中国などというものは頭の中に存在の仕様も無かった。いや、中国という言葉さえ無かったのだ。戦争に負けたという事実も感覚的には皆無と言って間違いなく、「日本は本土決戦の経験が無いから、本当の戦争を知らないのだ」というのは事実なのである。進駐軍に就いては、これは場所柄というもので、ジープの往来を見ていて知っていた。或る時、ジープが停まったのに驚き、「おっかない」という感覚で急いで逃げた事を覚えているが、後年、それは多分、ガムやチョコレートを呉れようとしての善意で止まったのであろう、と思い返したものである。

隣接の四街道にはその遠い戦地中国等からの引揚者が多勢居て、その為の有名な収容施設があり、練兵場の大規模再開発の為に入植が行われていたにも拘らず、そんな事は我が村落の子供らには何の関係も無い事であった。いや、長じて小生の母校となった新制中学校舎は旧の厳しい陸軍兵舎であったが、それでも別段変わった意識は無かったのである。

所がその時期、小生の父にとってはそれこそ、新規に発足した開拓団側との折衝の為の「旧の顔」、調整役として引っ張り出されての繁忙佳境時であった。開拓団側の団長さんは旧陸軍の関東軍参謀・少将閣下であり、若年、必須の将校教育課程でこの下志津原演習場に習うべきであった事から、恐らくは、小生の家に就いては知っていたのであろう。度々、家に来られ、怪しげな独学博覧の父とは昵懇の仲で、インパール作戦回顧談議での悪戦論では一致していたと言う（対して、小生は後年の新聞記事から牟田口戦略を再評価する）。

行動範囲が途轍も無く広かった父はともかく、子供の我々にとっては被差別民に就いて知るべき縁が全く無かったというのは確かである。

この地、世界に冠たる帝国陸軍の広大な練兵場というのは様々な用途別に仕切られ、それを満たすべく毎日の整備が行われていた。父にとってそこに集められた「勤労奉仕者」というのは、自分の家の旧譜代の者らと同じとすべきで、別段、日本人とか朝鮮人とかで別けるべきではないのであった。それが**一視同仁の「元締」**というものであっただろう。

父は積年優等賞を授かりながら、幼年から陸軍省の用達として従事し、正規の勉学機会を失った為に独学に依らざるを得なかった。それで、「早稲田大学の講義録」を取り寄せたという。田中角栄首相ではないが、一度読めば全部空暗記出来たという頭脳の持ち主であり、千葉中出身の者らをも理論・弁舌で凌駕し、その上の達筆であった為に、時ならぬ「元締の貫禄」も維持出来たという次第があった。弟の叔父は小学校から岩倉鉄道学校卒業まで一番を通したというから、小生には無い暗記力に優れていた事は確かかも知れない。

父はそれこそ家柄からか、殊の外、歴史学や考古学に興味関心が強く、**鳥居龍蔵博士**（1870~195　民族学の祖　東大助教授・国学院大教授）**の門下を自称していた**程であった（昔はこうした豪傑が多かった様に思う）。とすれば、帝国の方針にも沿うべく、父が日本人も朝鮮人もさして区別する事無く扱ったというのは、そうした独学の賜物であったか。

さて、日本史に於ける「特殊部落民問題」であるが、それに含まれるべきものなのか、インターネット記事で「**サンカ**」という興味深い存在があるのを知った。この記事内容は、日本の歴史的社会問題に於いて、一種の清涼感を注入してくれるものとしてあり、全ての日本人の原点回帰を以って、互いの精神的の開放を促すべくあるのである。勿論、そこに著しい事実誤認や煽動の類もあるであろうが、我が民族的の原点の一つを見るべきならば、一読されたい。

今日、否、昔より日本人は生産業を厭わず、勤勉を尊いとしている。サンカの本来、原初性というのは、恐らく一類としては、鉱物資源を求めてする大陸からの技術を携えた渡来者であっただろう。その様に位置付けたとき、歴史文明の細部を学びたい日本人は、今昔に関係なく彼らの歴史的効能に振り向くべきであろう。そしてそれだけで彼らはこの「**大和の国**」の語り部に成り得るのである。

生産業的の嗣業者の後裔を否定する事は天に唾をするに等しいからだ。彼等は農業従事者などと共に、古代と現代の日本のあり方を繋ぎ続けた「**存在の証人**」とも申すべきなのである。**この列島は今昔に拘らず渡来人にとって「宝島」ともいうべき別天地なのだ。**

日本国に於いては「武士たちも戦国期まで農作業に郷士的に従事した」のは当たり前の事であった。例えば、蜂須賀氏という近世大名の初めの生業は「野武士」とて、戦場跡に残された武者の武具類を剥いで持ち帰り、それを再生するという、今で言うところの再製品業者であり、合理的の地域利権業者であった。当然、武力に訴えるべきも多く、武的戦闘力を保持する集団組織に間違いないのであったから、すなわち武士団の一種であったのだ。

日本には様々な階級存在があった。時代によっての違いは確かであるが、時代を超えての絶対固定とは言えないものとすべきだ。例えば江戸期、農民や町人が高位の武士へ上るという物語は奇跡としてあったものでなく、能力者が社会の賞賛、推薦を受けて用いられるのは少なからずの事実だった。戦国、豊臣秀吉は元百姓であり、これは万民が知っていた。勿論、人間社会であるから運不運構成が多々あるのは仕方ない事である。

比べて韓国に於いては、昔日、物作りに従事する者、すなわち農民や白丁は卑賤の者として永続的に差別されていた。その代りに彼らは生産業者として当然の経済的利益を得、財の蓄積が可能であったから、近代工業の先駆者へと成り得べき存在であった、と言いたい所であるが、その事実の有無・有り様が日本との大いなる違いを生んだ。すなわち、生産労働への賛美の仕方が大きく左右したのだ。儒教の有り様が強すぎたと言われるが、我々には他事に思えるものである。中国も韓国も征服王朝が幾つも存在し、従前の文化を未消化としたのだ。

近代以降に限って言えば、日本には福沢諭吉や渋沢栄一らが偉大な啓蒙者として今日の日本経済の礎となっている。諭吉は武家層とは言っても最下層であり、栄一は富裕とされてはいても蚕関係の農民の出身であった。先に述べた近代医学の祖・佐藤泰然はナラズモノに近い「渡り中間」の子であった。近代政治現象では、初代の内閣総理大臣伊藤博文は、名主層の実父の代に、最下層の武士の株を得た存在であった。それ故に彼らは日本国で、殊の外、尊崇されているのを否定する事が出来ないのである。江戸期は世界的模範の政治性を示していたのだ。

小説群を体系化した時、古代に現れた軍事勢力（藤原氏と自称する中の相当の氏族も原則的にはこれに含めるべきであろうか）も、被差別民も、「在日問題」に浮上する「朝鮮の白丁」も、その源流は似たものとすべきであるが、今日的に何が違うのかと探れば、それは内外の政治的派出性にあるという事である。戦後の様々の「在日現象」を社会的必然のそれとするのは誤魔化しである。古代に於いては良い意味での迎合追認の存在はあったが、現代のそれは国際政治的強力盤拠であろうからだ。その資質は古の滅び行く公家に漸く倣い、危うい。

古代に於いて、「朝鮮半島の王族たちは、王朝交代による亡命先として、日本を選んだ」。又、それを大和朝廷が受け容れて来たという史実がある。古代の帰化人というのはそういう存在であるが、彼らは島国に暮らす日本人にとって魅力的の文化も携えていた。従って古代に於いての彼らは当然にその出身系譜を明示して誇っていたという、明らかな事実があるのである。が、一方で彼らは大和朝廷によって厳然と統制されていた。住所域を指定されて地方に入植設置されていたのである。秦氏の様な大氏族存在でさえそうであった。それでも「能力の有る者」は京師に上り、「正規に」高官に達する事が出来たのだ。

武蔵国出身の高倉福信という人が京官に昇ったが、その先祖は高句麗の大王・広開土王の五代の孫福徳で、福徳の子・福光の子とされる。いや、ここにも「通字問題」があり、系譜に疑問があるのだが、兎も角、渡来帰化人の出世頭として、738年に従六位下に始まり、750年に帰化人としては異例の「高麗朝臣」に改姓を賜り、756年、武蔵守に昇り、765年、道鏡政権下で従三位造宮卿という公卿身分に至っている。その様に渡来して直ぐに認められたのではなく、当然に努力が必要であったが、それは和人の誰でも同じであったから、決して問題とすべきところのものではない。**要は正当な精進である。**

同じく帰化人の子孫であったにも拘わらず、天皇の御母・皇太夫人・皇太后・太皇太后に列した**高野新笠**という人も、一代や二代でそうした氏族になれた訳ではない。百済の武寧王の子孫とする彼女の父祖は、渡来以来、六代も重ねていたのだ。坂上田村麻呂にいたってはその祖先が遠くペルシャに求められる、と東北大学の**高橋富雄先生**は書いておられる。父の功に次いで本州北辺のエゾ（蝦夷と書くのは止めたいもの）平定を果した田村麻呂であるが、その出世過程に別段の差別性は見られないものであった事は既に述べた。

ここで申すべきは、古代の彼らの場合とは異質な今日の現象の正当性に就いてであるが、今日に於ける在日・帰化の方々が一、二代で大成功を収めるという様な政治社会的構造性は、古代日本には基本的に無かった事とすべきであろう。この論に於いて事実を曲げて論じる者も居るが、到底容認出来ないものがある。

現代の渡来帰化人の多くは、戦後の朝鮮独立期での、「**済州島**」**からの真に亡命的の者**が多いと言われる。そこで忘れてはならない事は、**済州島住民**（往昔、耽羅国という独立国家を形成）というのは、日本人が考古学的に注目すべき存在で、古代日本の渡来人と同じく、**原流は越南などの南方に出たところの「中国揚子江流域に発展した稲作民族・倭族」**であったとされる事である。

彼らは中国大陸に於ける動乱で脱出を余儀なくされ、各方面に亡命したのだ。すなわちこれは同じく亡命渡来の民族「**倭国弥生人**」（韓半島南部と九州北部などに建国）と同質であって、結果的には夫々の地での「**倭族の華僑化**」だったという事である。岡田英弘先生の御著によれば**邪馬台国の女王卑弥呼**というのもそうした華僑存在であったとされる。

「**大和国**」**となった日本列島**も、平和時は当然の如くに中国歴朝への朝貢国存在であったが、漸次独立の気運を育み、それを劇的に果した。「**日出づるところの天子**」という隋の煬帝への書簡表現がそれであった。だが、朝鮮半島は、中国とは地続きという困難な地政学的環境下の、「回廊国家」という運命を負い続け、その歴史常態が日本の独立を護ったのであるから、それ故という「**絶対的幸運因由**」を忘れての国家論をしてはならないのである。

ただその場合にも、今日的にそれを偏重しての徒な国交互助は厳に戒めなければ、両者とも滅びの危うきに到るとしなければならない、とする当然の論議が近年に改めて高まって来ている。夫々の国家強靭化の為には、互いの鎖国要請も時には自ずと「是」という訳である。その時が何時かなどとは流石に難しいとしか言えないであろう。

記述の様に、忘れてならない事は倭族というのはそのまま日本民族というものではなく、旧に「中国揚子江流域の稲作民族」であった、という前提で語らなければならない事だ。血統民族性重視偏重論からすれば、済州島民族も原初的には日本人と同じくすべき存在である、と覚えて置くべきであり、その同族民への差別が如何に不当なものであるかを熟考したいのだ。所が、実はこの辺りに**韓国に於ける済州島民に対する差別の確かな原点**があるらしいのである。

その証左は、韓国に於ける第二の被差別地域が「旧任那」に当たる南部地方であり、これも古代倭国、或いは歴史的日本国と民族的に非常に近い関係にあった事である。これに関してか、朝鮮半島には「歴史的民族交代があった」とする説もあるのだから、差別の源流に就いて、その詳細に疎い我々日本人側にはこれ以上に探る事は出来ない。そしてそれを踏まえての弥増し知るべきは、この島は朝鮮国内の政争に敗れた「**両班の流刑地**」とされた事によって、賤しめられて来たという経緯もある、という事である。尚更に複雑だ。

　小生は会社の慰安旅行で佐渡島に行った折、そこで稀なる美女の観光バス・ガイドさんが「佐渡は罪人の島と言われますが、罪人は罪人でも高貴な方々であられましたから、違うのでございます」と説明しておられた。そうした確かな歴史的謂れの島であっても、日本では島民に対する違和感情や差別的の環境が無かったのに比し、朝鮮半島に於けるその地域差別ぶりは徹底し、済州島民は賎民の中でも最低階層と位置付けされていた、否、現に、されていると聞く。

　そうだとすれば、韓国はたいへんな差別社会と言えたようだ。又、その扱いに**極度の機械的処置**を施すとされ、そうした深い歴史的の風土とされるのであるが、今日の日本人の尺度では到底測れないとしなければなるまい。どんな罪人でも刑を終了すれば常人とすべきであり、それが無ければ法治とは言えまい。藤原秀郷朝臣も源頼朝卿も日蓮聖人も流人の身から蘇っているのを改めて思い起し、邦人はこれを幸せとし、誇るべきであろう。

　改めて思うべき日本人の在り方であるが、戦前と同じく日本国を先進の文化国と自負するならば、済州島出身の現代帰化人を、韓国に於けるとそのまま同じの、貴賎を以って評価するのは改めるべきであろう。これが我々日本人の第一に為すべきあり方であろう。基本、「差別は全体を見ない所業である」という哲学者の至言から常に学ぶのである。

それには帰化した皆さんの根本的の意識変革、すなわち「祖国」を愛すると同等に、日本国をも「新たな母国である」として愛して頂く事が第一の不可欠であろうというものだ。これはどの国であっても、「国家原理」であろう。その様でなければ、一切、帰化という措置を講じるべきではあるまい。

蓋し戦後の表面的独立に隠された、日本の実の立地性である「被植民地的特殊環境」を基本とするところの、韓国との微妙な民族的対立関係の中で、在日に対する誤った法的判断が多過ぎたというのは否めまい。勿論、戦勝国アメリカの都合に由ったものである。

すなわち敗戦国日本を植民地的に統治すべく、戦勝国「アメリカの意向を受けた韓国と韓国人に、その代理支配をされて来た」事からする諸般の歪みを指摘し、「我が国の一部文化が、例えば芸能やマスコミ陣営での在日偏重という様に、極端な異常性を示している現状」を正すべきは当然であろう。今日、脆弱性に基づく「互いの国家的存亡が揶揄される事態」に至ったのは、そうした構造的に歪められた戦後事情にあったのであるが、質すのみだ。

斯様に秩序ある精算を求める声が内外で高まって来ている。拙速の排斥も猶予も許されないであろうが、現実に危惧されているところの「相変わらず続く」を駆逐しなければならないのである。最も醜い有様は両国の政治家同士の利益配分、すなわち政治的遣り取りである「巨額の援助提供」とそれに携わる政治家への「みかえり」という究極の贈賄疑惑である。国際社会が全般に変わろうとする時、当事者はその為の洗礼の「精神」を慎んで受容すべきだ。

本来、国家・民族間の社会習俗の違いは優劣によって論ずるべきでなく、互いが夫々に自然であるべきとする純粋な比較論を以って、「様々な高みを奉るべき」であった。それが、従来では、求むべきも無いのであったが、どうやら今日は集中的の機会・世界史的の好機を得るべきそれなのである。**時は満ちている**事に気付きたい。それには常に現在時点に生きるべき**「自覚」を以って人の価値としなければなるまい**。最も憂うべきは今でも多くの人が己の**「個人という唯一価値」**をあまりに知らないという事だ。平凡が最良と思うべきだが、時にはそこからの脱出の不可欠も知るべきなのだ。

孔子が教える様に、人間の成長は年齢を重ねる毎に確実でなければならない。それの無い社会に「うらまずおごらず」の人道の喪失があるのだ。時には自他優劣の競争心理を捨て、裁きを天に預ける思いでなければ悟る事が出来ないかも知れないのだが、その場合でも「個人としての存在」があるべきであろう。徳治も法治も人事を尽くすに意味が込められているのだ。残念ながら**徳治に就いては中韓と日本とでは大変な認識違いがあるらしい**。

孔子流の孟子や荀子などに学ぶに加え、国際社会からの教材がふんだんに供給されているにも拘らず、「膾炙されない頑なな人間社会とは何であるか」と真に見据えるべき時が来ている。今こそは人々全員に訪れている確かなその徴候を見るべきであろう。いや、その為にもやはり中韓と日本の根本的認識の違いに就いての討論は欠かせないであろう。

差別の事例は誰でも身近にある筈だ。だが最たる偏見の持ち主たちで、自らの出自・由来を、そう、系図的に完璧に明示して語る事が出来るかという点に於いて、金甌無欠の人が居るのであろうか。少なくとも小生の場合は、正直、不可に過ぎるのである。それは不幸ではなく、己を覚醒させるべきの幸いとしたい。

而して茲で日本史の英雄・**楠木正成**に就いて改めて述べて見たい。その偉大さはひとえに誠実さにあった。正成は鮮やかな挺身戦績を以って、本邦史上**畠山重忠**と並ぶ、最も魅力的の武士と称えるべき存在である。だが彼は、同時に多くの史書でその出自を「悪党」とはっきり記述される存在でもあった。深く探れば重忠とてその先祖出自が疑問無しとはとても言えない。何故ならば、その先祖村岡五郎良文の出自に次々の問題が出て来るからだ。

それでも猶、正成をその性情的に悪党と貶める人は、古今東西、その後の日本社会では皆無と言えるであろう。なぜならそれが武士の原初像に近い存在であったからだ。正成は鎌倉期の正武士とも言うべき「鎌倉御家人」に位置していなかっただけのものであり、御家人制度以前の武士の姿に矛盾すべきものは無かった筈なのだ。異様の存在で無かった証拠には、後世、徳川光圀らによってなされた顕彰の念などに十分に表現されている。

正成の本当の出自は様々に想定されるべきであるが、一つに、朝廷がいつかあるべき国家騒乱時の備えとして、「予め吉野の山深くに配置した秘密武力集団」であったとする説もある。

だが、社会学的にはその本質的の出自は「**卑賤民階層の悪党の頭目**」とされている様である。いや、悪党であっても、吉野配置の「山伏」であっても、或はサンカであってもあまり違いは無いとした上での、彼への全日本人の賞賛敬慕が感じられるのであり、然様に日本史を愛する者で彼に差別的の意識を持つ者は一人だに無いという事だ。

花は桜。彼はその姿を見せて以来、日本人が求むべき最高の武士像を以っての勇者なのである。小生も、その様な英雄と我が先祖らが目的を同じくして戦った事を、真に誇りに思う者である。そうでなければ、我が遠元一族は、**日本史の本道**に於いて、それなりに記せないと思う所である。

正成は敵に位置した尊氏を高く評価していた様であるが、それは当時の日本の暗雲の治安を深く慮ったからであろう。或いは、時として武士ほどに世の安寧を欲するものは無いと言われる。鎌倉期の仏教教団の時ならぬ興隆や寺院の増設はそれを物語るとされる。江戸初期、島原の乱発生の折、徒な戦闘を戒めたのは、過酷な戦国期を戦い抜いた古参の武士らであったとも伝えられている。武の本来はやはり、「備える」にあるべきなのだ。

正成の真意も「和平の構築」にあったであろう。それは実にサンカ本来の「**正常な生き方**」に由来していたのかも知れない。「**最も優れた武士像**」がそこにある。これもインターネットで拝読した「サンカ賛美論」に概ね習うものである。漏れ承れば、今日、アメリカ合衆国の国防総省でも「戦争回避勢力」が大半を占めるという事である。

源義経の育った環境自体は、或いは正成のそれに近いものがあったのではなかろうか。彼の周囲には、その母「常盤御前」の素性からか、サンカ勢力が多かった様に想像されるのだ。例えば武蔵坊弁慶である。弁慶に見られるその属性は修験者、サンカのそれではないかと推定されるのである。

尤も「**弁慶**」なる者のその名の歴史的初出は、露伴先生が書いている様に、室町前期であるとされるのであるから、極めて架空性が強い存在と言えるのだが、その時代、彼の役割すなわち義経の為の「秘書的の学僧」が居てもおかしくは無い、とされるのであり、名を替えて、改めて存在したとして探すべきとも言える。弁慶の存在は、斯く、擬似的事実として扱うべきであろうが、就いては別に、弁慶を旧約聖書中の英傑サムソンに擬えた創作人物とする聖書研究者もおられる様だ。

他に義経の家来衆を論じるに於いて、魚名流系譜に精通している人ならば、異色の人物がいる事に気付くであろう。**伊勢義盛**（いせのよしもり）という者に就いてである。彼は人物辞典類に義経の四天王の一人とされ、伊勢国の武士であったが、殺人の咎により上野に住んでいた所、義経に見出されて従い、平家との戦いに参陣したとある。それはそれで良い。所がその出自を『系図纂要』の「第三　藤原氏九」で見るに、左大臣在衡から数えて第九世とあるのを注目したいのである。この系譜を見るならば、彼の系譜は、少なくとも曽祖父俊宗（従五位相当の宮内少輔）の代までは、歴とした公家であった事を否定するのは難しいであろう。それで次の俊貫に就いてなのだが、確かに微妙なものがあるとは言えよう。左衛門尉、堀川院北面として寛治年間に伊勢国の川島の地を賜っているとされているのだ。これが公家武官なのか武家に移籍したのかが分明でないのである。但しその次の俊盛は川島二郎という通称のある事から、この代には武家という事になるであろう。太郎、次郎、三郎などと言うのは「武士の通称」の範疇であるからだ。

二郎俊盛の子が河島四郎である。四歳にて父を失い、鈴鹿山に籠り、所領を奪った伊勢守景綱の代官を討って捕まり、流罪になっていたところを義経に遇って従うに至り、義の一字を賜って名を義盛と改め、号を伊勢三郎とした、と書かれているのである。

然るに、物の本には大差を与え、伊勢神官の度会義連の末子として生まれながらも、放蕩の挙句に山賊の首領となっていたところを、「**金売り吉次**」の隊商一行を見つけて襲ったのをきっかけに、吉次と共にする義経に巡り会ってその家来となった、とするのもある。更には、伊勢国司の子とも山賊の子とも書かれるのであるから、そのギャップには恐れ入る。その点、天野遠景のそれと似ている。まあ器用な人なら幾つかの人格、風体に化けられるのは確かだが。それは兎も角、その国司だか山賊だか知れない父を源氏の家来であったとするに至っては、完全に武家中心の「軍記物」の範疇に陥っている、と思えるのだが。いや、だからこそ「軍記物」と言われるのであろうが。そして最後にまことに興味深い説として、「**義経は忍び**（忍者）**であった**」という物まであるのだ。

或る考証本によると、忍者とサンカは非常に近い関係にあったとするのであるが、「それはそうであろう」と思う。そこへ天野遠景や伊勢義盛という勧修寺流、魚名流の公家の筋が紛れ込むという過程を想像する時、その真否は兎も角、**人間生活にはあらゆる可能性が上から下へとある事を、社会史・政治史の上で排除出来ないのを痛感する。小生の家のそれにも何度もあったから自ずと書いているまでであろう。**

往昔の医者や金工と言った職業存在は、或いは被差別民の嗣業であったと言われるのであるが、現代では彼らは医師や日本銀行職員、財務官僚という、貴族的階層に属している事は誰もが認めるところである。名優三國連太郎氏の御著を読んでいた丁度の時に、ある有名な映画監督さんにお会いし、三國さんの製作中の作品（監督さんによれば「重いテーマ」との事）の扱いについての次第を教えて頂いたのであるが、三國さんは御自分の数奇な生涯環境に就いての、あらゆる方向からの、直視を厭わなかった方であるな、と改めて感じたものである。人は神と競争する立場にもあるのだ。

忍者と申せば、その組織内階層は非常に複層的のものであったらしく、我々が単純に聞知すべきものではなかったらしい。だが、歴史事実として知るべきは、その支配層から、**服部半蔵**家などの所謂江戸幕府高級官僚家が輩出していた事である。服部家はその系図の上で、足利期に現れた代表的の文化人ながらも卑賤民視された、**観阿弥**（母は楠木正成の姉妹）と親類関係であったとされる。その両氏とも時代を移れば確かな名族なのである。金は天下の回り持ちと言われるが、それは家柄も地位も同じであるか。歌にもある様に「世の中回っている」のである。大条件なるものは何も無いと言えよう。

小生は、村落で、名門意識を強く持った御仁が、「ああ、あの家とおらほうの家じゃ家柄が違うだョ。同じ苗字でも全く関係ねーだョ」というのを良く聞く。これには反問しないで黙って聞くのだが、果たしてその人の家にはそれ、すなわち系譜の違いをはっきりと示すべき文書類が有るとでも言うのか。そんな場面はどこでもあるが、小生ばかりの経験ではあるまい。

小生の社会人生活は長野県から始まったのであるが、同僚に「在日」の人が居ると他の同僚から教わった。それでも別段変わった付き合い方というものは無く、何事にも打ち解けたものであった。その君が或る時こんな風に言った。「家柄だの何だのと言ったって、日本の旧家と言うのは代数が五、六代しか判ってねーじゃねーか」。成る程。半ばその通りであろうと心中同意したものである。今思うと、恐らく彼の家にも所謂「両班」を先祖に持つ系譜があるのかも知れない。そうした在日の方々が所持するらしい両班系図というのも、実には殆んどが作り物、と言われるのだが。

サンカを論じるに、日本史に於ける歴史的の階級的位置付けが如何に不合理なものであるかは以上によっても分かろう。総ては仮、即時的、を帯びるのである。キャンプ体験もそうだ。サンカとして生きるのも人間のひとつの生き方に過ぎないのであり、それを範疇付ける事は出来ても、等級付けは決して出来ないという事である。嘘も真も仮の姿、あり方とも言うべきな

うか。

のだ。

「人を裁くな。裁きは私（天）がする」という一元的言葉もそこに釘指すべくあると言えよ

或いはそれも含めて、恰も誰もが個別的契約下に存在しての責任結果であるかの如きの「**位置付け**」を強いられれば、納得すべからずというものが次々と表出する。総ての存在は歴史すなわち「時の中途」で生まれて来るのであるが、少なくともそこにその時や場所の変化についての全き自分の意識を盛り込んだものがあるとは言えない。だから逆転行為が望まれるというものではないのだが、「位置付け」というのは「常に時的のもの」と成り得るものである。

そこで改めて「契約」の概念が主題化しているのであるが、契約という概念は束縛というそれを覆う次元以上のものであり、現代という「集計の場」（社会は進化すべきという思いは誰にもあるべき、という事を念頭に置いています）ではあまりに多くの不都合が生じて来ており、それの綻びが隠せなく成っている。

その法的の響きは終には人間存在を奈落に落とす例が絶えないものなのである。欧州に於ける「ＥＵ」の危機などにそれが端的に現れていると言えよう。東アジアの或る民族国家社会では「若者たちが」その国に生まれた事そのものに慙愧を感じ、それを継ぐべき「子孫を持つべきでない」と自らする極度の悲惨もあるのだ。

それに対しての明らかな対比として、「より原初的な生き方」を思い出すべくサンカの生き

方を取り上げたのである。人間のあり方を考えるに、彼らのそれは必須の対象なのだとしたい。**或いは、在日の方々の「原初の」純粋な動機も、位置付けを換えたいとしたものであったか。生まれの国土を捨てたに等しいあり方を弁明できるのは、唯一、契約の変更しかないからである。**世界史的に見ればユダヤ人というのは民族（民族という言葉は日本人の発明によるもの）存在の典型として見られて来た。ユダヤ教の父とされる偉大な預言者エゼキエルの言葉、「子**は父の罪を負わない**」をその都度思い起こすが良いのだが、罪と言うのは、仏教的なものとしてある永遠的な「業・縁」という言葉とは違い、イスラエル形而上学では神と人との一元的関係を指し、エゼキエルのこの場合、改めて一元性に言及するもので、「個人の出自を神のもとへと返す」という意味があったであろう。今日アメリカで論議される「ＮＥＳＡＲＡ」もそれに立脚している様に見える。ネサラというのは日本の歴史で言えば「徳政令」であるが、血縁・地縁などで積年に生じている個人の「負の遺産」を消すというものである。学者や為政者の人間的知恵の最終為すべき所のものであろうが、天道・人道に両属すべきものか、注目されている。

　彼のキュロス大王の歴史的救済処置によるバビロンからの帰還後、同族の再集合の筈の所を、その言葉もその民も何処に隠れてしまったのか、イスラエル民族はその古代より甚だ複次的に変貌し続けて来た様である。因みに「ユダヤ王国民のバビロン捕囚」は前５８６年から前５３８年のあしかけ４９年であったから、「日本の戦争放棄時代（敗戦の１９４５年に始まり、今日も続く）」よりかはずっと短いという事に成る。旧約聖書での預言では70年とされていた。
日本が「独立状態」というのはこの点からすれば異常なそれである事が解る。「解体されている」と言った方が似つかわしいのである。

エゼキエルやイザヤへの（主からの）「預言」の結晶である「ユダヤ教」というのは、虐げられた民族の新しいあり方を「懺悔の中に」再出発させるべくあったものであり、民族の在り方と共に、**「個人のあり方」**を啓示すべきものであったから、近代民主主義のその「原理」としても生きるべく、祈りの中に生まれた筈のものであった。

斯く人類全員はこれに習う恒常に在るべき所、そのユダヤ人（この呼称も変なのであるが）を語らんとするに、いつしか本物のユダヤ人は隠れているが如く、というものである。勿論変な事だ。これは何を意味するものなのであろうか。利用か。存在の道具的利用か。

実は、今日改めて疑義すべき重大な原始原初的の問題が浮かび上がって来ている。「一元的」と言ったのであるが、その因由となる「神の概念」に二つのものがあるのだ。**『旧約聖書』には『神』の他に『神々』というのもある事だ。**これの前者はヘブライ人（イスラエル民族・流浪の被差別民の意を持つ）の選民思想の萌芽によって却って歴史的のそれになったわけであるが、「造物主に関する独占的思潮体系」によるものであり、とりもなおさず、他民族への冒涜侮蔑であり、それに対する他民族からの被差別的の関係が永く続いたのである。

今日、ある神学者が、或いはヘブライ人の地的出自はパレスチナの北方方面ではなく、紅海沿いの南方とも考えるべき、と述べられている。他方、世界的大教義となったイスラエル形而上学のそれも北方バビロンの倫理体系からの抜粋であった事が次第に認証されて来るであろう。「単一神の概念」も、世界史知識から、エジプト起源であるとする人も多かろう。

さて、今日不当性はあらゆる分野に横溢している。上位階級がより確かな者同士として連繫し、下位の存在は網掛けになって次第に呻吟する形成を強められている。もはや、比較を以ってすれば昔日の方が身を処し易い、逆転し易い正当の社会構造であったのではないかと思われるほどに、社会は世界的に可塑流動性を失いつつある。いや、殆んど可ならぬ地域もある。例えば国家単位で論じる時、今言及した**敗戦後の日本の場合、国ごと施錠されて来た**。何にしても、原則、抗戦を禁じられているのであれば紛う事なき捕囚である、「被捕囚国家」である。救世主に似るキュロス大王はどこからも出現しなかった。これを天の謀略と見るか、真の偶然と見るか、日本人にとって慄くべき世界史がここに晒されて来た。近隣の嘲笑も聞こえている。

日本人ばかりではなしに、多くの国、民が構造的な国際社会の捕囚のままに、それを政治的に、法的に言い含められ、国も人も自立性とは最も遠い意味での「運命」と言う言葉で説き伏せられている。「我々はこの世に投げ込まれている」という哲学的言葉があるが、これを受け入れさせられたままである。**不可存在という関係**である。

残念ながら、この様に大局に於いて選択肢のない不条理な環境に置かれて来た、というのが戦後に生きた日本人の場合の大概の真実なのである。少なくとも小生はそう感じて来た。小生は知る。核の時代に、戦争放棄というのでは重々もがくのみのそれというものではないか。

現代に於いては「不戦」の理念というのはいかなる条約にも謳われている。それで、「不戦」と「戦争放棄」とはどこが違うのか。その「端境」というのは一体全体何所にあるのか。「戦争放棄」を理想・天道とするならば、「不戦」というのは時的の現実性であり、已むを得ぬ場合には「人道として戦う」と解釈すべきであろうか。起こってしまった戦争に就いては、結局の所、事後的に判断するしかないというのでは、それは悪法以下の「無法」と同じ価値しかないのである。

弱小の武力しか持たずの存在の状況任せというのは、却って武力行使の機会を周囲に供与するのであるのは、現在の国際情勢を見れば歴然としている。小生は、視点を定めるべく、先祖公家説を運営して論じるのであるが、原初の武的性格を次第に欠損した公家は、大局、「本貫地」自体の喪失を余儀なくされたのである。江戸期、公家の生活はあらゆる領域で規制された事を忘れてはなるまい。事実史を吟味すれば、去勢された奴僕存在に成り下がったのである。公家だけではないのだが、国渕は到る所につくられた。

意識的とは何度も聞く。そう、人は誰でも意識生活をしているのであるが、振り返ればそれが何の役にも立っていない世界に大方は生きて来たのであり、それを不条理と当たり前に気付いていても、最早何も適わないのである。家畜状態と言って良い。それが一等良い人の世界であるべきか。

すなわち、確かに人は共同体生活の中にも夫々に生き、その個別的意識に基づく分を持つが故に一定の責任のある事は否定しないが、その「恒久的位置付け」に就いては、それに気付いた時「これは、長い時間の中に組まれた巧妙な『罠』に、嵌まっている」と当然に感得すべき事態なのだ。それで、「社会というのは固定的に階級付けされている」という事実を、観察群が認める時、「社会問題がある」という認知になる。

江戸時代を評価するのと同じくしてはいけない。民主主義の名の下にあるのだ。民主主義の名の下に国渕があるのだ。インドを見た。近代インドの聖人ガンジーは、或る群集を見た。そして、彼らを正しく慰労し得ない所には旧態が残るだけではなしに、さらに醸成が繰り返され、それが不明の拘泥としてインドを停滞させるものであり、極致、人の哀れみの対象となるべき事を「啓示」の如くに捉えたのである。「彼らは神の子である」と。

故聖釈迦やイエスが偉大であるのは、そこに無差別平等の至高の理念があったからである。イエスが個人毎の多様性を認めているのは、根底に、人は皆等しいとの前提があったからであり、そこにあらゆる生き方があると諭していた様に思う。釈迦は造物主に対する無謬を念じていた、すなわち、救いは彼から来るべきである事を告げている様であった。

インターネットでは、**サンカは「心優しく」、不遇の者の友である**とも書かれている。彼らには我々の脆弱な被政治存在とは違うところの、打ち克つ心のあり方があるらしい。彼らの敵は、国を建てて以来、一貫して強い強者意志の誇示存在が全てである。そんな簡単原理が見えるのだ。となればその範疇の外にあれば良いという事であろうか。

詰りそれを、その構造社会を同じ意識の上で、思い切り無視しようとして来たのが少数勢力と化したサンカという自由存在であったのだろう。無政府と言ってしまえばそれまでなのだが、今、世界の民は彼らと近縁の淵にいる。借財の無い本来的に横列的の、柔のあり方、ネサラのあり方である。勿論、彼らの中にも、外部以上の統制があるに違いないのであるが、その未開の構造性は置くとする。

我々が憧憬するのは自然との関係の本当のあり方である。アメリカ大陸の嘗てのインディアンには「土地登記簿謄本」など無かったのだが、それでも過去の彼らは何千年も生きて来たのだ。それらをあるがままに倣うならば、競争差別の意義などどうでも無意味に違いないのであり、今日に広がるべき真実新しい人の世の礎とすべきなのだ（但し、近代を騙る利用勢力により塗れた政治的・経済的部分の一切は公正に拭われなければなるまい）。そうすれば、互いの対岸にはそれを心より招く「**新しいとばり**」が現れ、今にも相互的に招き入れようとするであろう。そうして社会に本来の自由が戻るであろう。

我が幼少の日の郷土、赤土の六方野には野苺があり、野梅（しどめ）があった。おやつを載せるバラの葉もあった。田んぼの淵を象る秋の山にはアケビもあった。そんな大地をもう一度見たい。ある程度の好みの広さを許される我が家で休み、柿を集めて支度し、遠出をするのも楽しいではないか。そうすれば、次の「祭」に何を捧げるかどうかをゆっくりと決める事が出来るであろう。

サンカの嗣業の一つが「山の鉱物資源の探索」と推量したのであるが、とすると、武蔵や上総の開発者、土豪の存在に思い当たるものがある。

「坂東八平氏の祖」とされる村岡五郎良文というのは、実には、桓武平氏に属するのではなく、鋳物・鍛冶と関係の深い武蔵丹党（「丹の党」宣化天皇の子孫とされるが、これも疑わしいとされる）の頭目ではないかと思われる。その子孫は銅や鉄などの鉱脈を求めて開拓地を広げているからだ。

彼の「**金売り吉次**」は奥州藤原氏の従類と伝えられる人物であるにも拘らず、上総地方にも鍛冶工房を持っていたという興味深い伝承があるのだが、良文の子孫で房総半島に進出した千葉氏や上総氏の本拠地は、その様に、良質の砂鉄層に恵まれていた（上総地方は耕作食物収穫の為には貧しい土壌と言うべきであった）。**千葉氏を語る諸系図に「鋳物師文書的特性」が色濃くある**、というのはその所為ではあるまいか。それは他者による改竄というものではなく、自らの伝統意識的の工作に発したものであろう。

或いは、系図と申すべきは、国家が社稷を替えるに似、その家々の時代的選択・転換によって運営されるべきものであったか知れず、その操作性は何も坂東平氏のそれに限ったものではあるまい。

「丹の党」と「児玉党」は異種であるのだが、その生息域は同じで、互いに持ちつ持たれつの共存関係にあった。武具を作る者と着して使う者の関係であっただろうか。原初は兎も角、主従の関係とは違うらしかった。所がその二者が争う、すなわち血で血を洗うに似る事態が生じた。その時、それを鎮めるべく、頼朝は遠元女婿の畠山重忠に対して出動を命じた。そして重忠は忽ちにそれを鎮めて見せた。これを見るに、頼朝も遠元も、重忠の畠山氏の本当の出自を「丹の党」と見立てていたと思われるのだ。

畠山氏は桓武平氏とする村岡良文流の秩父氏総領筋であるが、恐らく、その真の系譜は丹党に同類の**帰化系**であり、「秩父国造家の後裔」であったとも推定されるものであった。それは次の様な重大の婚姻伝承によって引き出される。

旧武蔵国造家である足立郡司家の武蔵武芝には二人の娘があって、長女は京の公家菅原氏一族である**武蔵介の正好**（**武蔵菅原氏の祖**）に嫁ぎ、次女は**平良文の孫・将恒**に嫁いだとされる。ここで奇妙な系譜が絡んでいる。丹党系図ではその次女は**丹党の党首**（宣化天皇皇子系譜で、嘗ての第一廷臣勢力であった左大臣多治比真人嶋の子孫を称した。真人は第一位の姓だ）へと嫁して来た事になっている。この問題は端的に言えば、（系譜の明瞭性に就いて兎角に揶揄される）**良文流を丹党系譜として扱えば一挙に解決する**のである。

「丹の党」というのは実は「丹生族、すなわち『鍍金』という高度なメッキ技術を扱う古代最強の総合技術者集団」であって、「東大寺大仏殿」建立後の公害での犯人探しをしていた最中に「行方をくらました集団」ではなかったかと思われるのである。この件で、ＮＨＫ福井放送局との提言と助言のやり取りがあったのだが、筆者としてはその研究段階から時期尚早と自覚し、辞退している。今は重忠の氏族性質と行動も知り、確信を持つに至っている。

その「丹生族」が「宣化天皇後裔の丹党」へと変化し、更に桓武平氏の一員系譜へと変容したのではあるまいか。逃亡者らしい「丹生族」では如何にも都合が悪いのであり、三段跳びの系図が必要だったと言えようか。而して畠山重忠は丹党関係の事情を熟知しており、岳父である遠元も生母が同族であったから周知であったのであろう。何れにしても重忠の器量の抜群性が起用されているのである。

再述するが、良文の孫将恒の後裔・豊島氏は、代々、武蔵国衙の官人層第一の実力者として、中央から派遣されて来た「**武蔵守藤原遠兼**」をもてなすべく、自分の娘を「現地妻」として提供し、そこに生誕した**孫・遠元**の為にもと、「**広大な足立庄**」を譲渡した。中央貴族との婚姻成立である。これは武蔵国内の豪族らに衝撃的感銘を与え、武蔵国に於ける稀有の地名現象、「領家」によって記憶表現されて来たと思われる。

その増大した経済力によって宮廷公家としての地位を高めた遠兼は、三位の公卿に昇進し、公卿身分の領主を意味したその「領家」という地名が当該の民の誇りとして今日まで遺象したとすべきであろう。公家遠兼遠元の存在の大きさが、やがての武家政権樹立の源泉の一つとしなければ、歴史の解読を得ないとして過言ではない。

『吾妻鏡』では源頼朝が葛西の地で「足立郡の本領を安堵」したと特記するのだが、全く違

うであろう（師である遠元提唱の「パフォーマンス」であったなら別であろうが）。

成る程、その時点で逸早く遠元のみに「所領安堵」というのであれば、これは誰が聞いても「格別の恩寵」になり、遠元の労に報いたものとして説得力を持ち、周囲に佐殿・頼朝卿の武家の大棟梁としての印象を植え付けるべきであっただろう。だが、これは本質論からすれば「基本的に間違った認識効果を齎した」ものなのである。

すなわち、「日本史の中世部門に最大陥穽を生ぜしめた」元凶部であり、又この記述にはまりにあからさまな「復仇的な操作性」が透けて見える、とも言うべきであろう。

遠元の足立郡領有形態を論じるに於いて、殆んどの歴史家が「地頭職」だの「一円所有」だの「足立郡司」だのと、あらまし勝手に位置付けしてるかに見えるが、これらの後世現象は遠元家の家柄改竄勢力にとっては、「思う壺」というものであろう。すなわちどれを取っても、遠元家の本質を語るべき公家階層身分という肝心の位置付けを、全く消滅させているからである。歴史を失うというのは当にこの事であろう。恣意的な隠蔽と改竄の同時進行であり、真実の資料は殆んど完全に隠滅されているのだ。

あからさまな意識操作性が透けて見えると言った如く、「軍記物」に近いその歴史書『吾妻鏡』の記者やらそれを後世的に容易に操った者らの「意図性」を喝破すべきならば、尚一層の対処をすべく「公家伝承」を護持し、以って次の様に解く事を得るのである。

「遠元への所領安堵」というのは、それこそ「頭隠して尻隠さず」というもので、それは後の鎌倉幕府の祖法「守護地頭の制」とは籍を違えるもので、東国のみの武家支配を京から認められた時期の鎌倉関係では、遠元家のみが例外的に持つ、従来的の「公家の荘園所有形態」と申すべきものであり、「鎌倉政権始動期の真の様相」を知るべき最重要の部分史というものなのである。

公家藤原遠元家が足立郡の領主権を幕府評定所の裁決により喪失したのは弘安五年（1282）であり、多くの記述家が八年とするのは、足立郡史を考察する上で大きな見当違いを生む原因となっている。これだけでも精査すれば重要事項に気付いた筈なのだ。そこに特殊な公家事象が残っていたのであるが、最も容易な命題であった筈のものだ。

何にしてもこの問題で盛長の曽孫泰盛（1231～85　82陸奥守）が、八代執権時宗の外戚として幕府最大の実力者ながら、本宗家の為に抗弁した様子が無いらしいのである。或いは、そこにあったのは当時の鎌倉武士の利己精神、すなわち彼らは蒙古撃退の後の恩賞問題で明らかな「無い物強請り」だが、泰盛からしてそれに倣うものであったのか。本宗家を見殺ししてまでの勢力存在志向のそれがあったのであろうか。

いや、泰盛の苦しみはそこに在ったとしなければなるまい。彼は当の恩賞奉行の任にあったのである。恩賞を求める御家人たちの不満の充満する中では身内の擁護など全く以って埒外の事であったのだ。この問題は実は恩賞の財源をどの様に充当したかというという「内容」が開示されていなければならないものなのだ。

御家人たちには我慢辛抱して貰いましたでは済まない当時の状況なのだ。何故ならば、「遠元家領の幕府への収公」は全御家人の周知の事であったから、それを隠蔵したままの推移ではあまりに無責任というものである。歴史記述の意図性というのはそういう事だ。遠元領の収公の後、三年の経過時期が在った。泰盛が宗家の犠牲を以ってまでして「恩賞沙汰」は進められていたとするのが当然の解釈というものであろう。

その経過状況の中で、世に云う「霜月騒動」が起こったのである。政敵泰盛を滅ぼすべく、執権貞時の乳母の夫・平頼綱（?～1293　安達氏打倒の後、実権を掌握し、恐怖政治を布いた）**は貞時への讒言を以って泰盛を討たしめたのである。**

伝統的に足立郡領有権を所有した筈の、遠兼遠元流本宗家の武力を謀略で予め封じるという頼綱のそれが読めず、足立郡を幕府に収公するという評定所の裁決に、泰盛が何も為し得ず、泰盛とその一族は滅ぼされたのだが、予想もしなかった時局であっただろう。これを改めて検証するに、当初、「遠元家領についての認識の仕方」に論議があったという事は言えるであろう。一つはこれを「足立郡」のそれとして捉えるものである。これからすれば、法的にはこれは「関東御分国」という事になり、幕府の裁量下にあるべきものであって、これを時世的に評定所に再裁断させるという「道理」があるという事になろうか。もう一つは、これを公家の荘園「足立庄」として論じる場合である。いや、これだとすると更に書いて来た通りの基本的の論点が出来する。すなわち、重々述べて来た遠兼遠元家が「公家」か「武家」のどちらであったかに就いての歴史学的の論を決定付けるべきという事である。

小嶋 勇四郎（おじま ゆうしろう）

昭和17年6月16日、千葉郡犢橋村小深（現千葉市稲毛区小深町）に生まれる。
千葉県立佐倉第一高校を経て中央大学理工学部卒。長野県埴科郡坂城町の㈱アガツマ精機に入社し生産管理部に所属。副社長体制下に会社組織の全面改変に従事し、200名の解雇者をもたらし、一応の結果を以て退職。以後、数社を経て独立し㈱小嶋ダイヤモンド工業を設立。平成15年に会社を閉鎖、郷土史の研究に専念し、今日に至る。

陰の系譜　くにふちのそんざい

2018年7月18日　第1刷発行

編著者　小嶋勇四郎
発行人　大杉　剛
発行所　株式会社 風詠社
〒553-0001　大阪市福島区海老江5-2-7
ニュー野田阪神ビル4階
TEL 06（6136）8657　http://fueisha.com/
発売元　株式会社 星雲社
〒112-0005 東京都文京区水道1-3-30
TEL 03（3868）3275
装幀　2DAY
印刷・製本　シナノ印刷株式会社

ISBN978-4-434-24888-7 C3021